Anders lernen und studieren?

Günther Dohmen

Anders lernen und studieren?

Generationen-Gespräche

Bibliografische Information der Deutschen Nationalbibliothek
Die Deutsche Nationalbibliothek verzeichnet diese Publikation in der
Deutschen Nationalbibliografie; detaillierte bibliografische Daten sind
im Internet über http://dnb.d-nb.de abrufbar.

Satz, Umschlaggestaltung, Herstellung und Verlag:
Books on Demand GmbH, Norderstedt
ISBN 978-3-8448-7734-2

Inhalt

Anlässe und Überlegungen zu einer Studienreform

Endlich erwischte Hanna ihren Opa in einer Situation, in der er Zeit zu haben schien für ein längeres Gespräch.

»Opa, ich möchte mal mit dir reden. Mein Studium wird immer unerträglicher.«

»Wieso?«

»Ich will Deutschlehrerin werden und stelle mir vor, Schülern einmal die deutsche Literatur nahe zu bringen und dabei interessante Lebensfragen zu erörtern, zum Beispiel: Wie haben verschiedene Dichter die Menschen und die Welt gesehen? Wie haben sie zwischenmenschliche Beziehungen und Konflikte verstanden und dargestellt?
Aber an der Uni muss ich Vorlesungen und Seminare zur Germanistik, zur Mediävistik, Sprachgeschichte, Formgeschichte, Linguistik etc. belegen und soll Mittel- und Althochdeutsch lesen lernen.
In meinem zweiten Fach Englisch will ich Schülern die Beherrschung der englischen Sprache und einige Kenntnisse über die englische Kultur, Literatur und Geschichte vermitteln.
Und was wird mir an der Uni vorgesetzt? Wieder Linguistik, Sprachgeschichte, Sprachdiagnostik etc. Mich interessiert es aber gar nicht, wie das »th« im 16. Jahrhundert in Wales ausgesprochen wurde.
Ich will doch nicht Sprachwissenschaftlerin werden, sondern Englisch-Lehrerin.
Und ich dachte auch Studieren heißt Nachdenken und Verstehen und sich Vorstellungen vom Menschsein und seiner

Reflektion in der Literatur und Geschichte erarbeiten – und nicht für mich sinnlose Fakten, Daten, Regeln etc. pauken.
Bei uns vor dem Institut haben Studenten ein Poster aufgehängt mit der Aufschrift: »Dichter und Denker – statt Credit-Ranker!«»

»Aber es gibt doch sicher auch Vorlesungen und Übungen über verschiedene Dichter und die Interpretation ihrer Werke. Da kannst du dir doch was raussuchen, was dich interessiert.«

»Das war vielleicht mal so als du studiert hast. Heute ist das Studium weitgehend verschult und durchsetzt mit ständigen Klausuren und Zwischenprüfungen. Und dann muss man den Text X bis zum Wochenende durch arbeiten und in einem schriftlichen Referat kommentieren.
Das Schlimme aber ist, dass das meiste, was so rigoros vorgeschrieben wird, mich gar nicht interessiert und mir auch nichts bringt für meine spätere Berufstätigkeit.
Ich würde zum Beispiel mal gerne auch eine philosophische Vorlesung besuchen. Aber dazu fehlen Zeit und passende Gelegenheit.
Gar nicht zu reden von einem Auslandssemester.«

»Ich weiß: Man kann an der Universität nicht Deutsch- oder Englisch-Unterricht studieren, sondern immer nur eine fachwissenschaftliche Disziplin. Und die Fachwissenschaftler interessieren sich im allgemeinen nicht für eure spätere Schulpraxis. Was ihr davon später einmal im Unterricht für die Schüler nutzen und umsetzen könnt, dazu sollt ihr nach dem Fachstudium in der Referendarausbildung die nötigen Anregungen kriegen.

Die Universität ist vor allem auf die Entwicklung und Vermittlung fachwissenschaftlicher Arbeit und Erkenntnisbildung
ausgerichtet und nicht auf eine direkte Berufsausbildung.
Und die Gymnasial-Lehrer haben ja lange darum gekämpft,
dass sie an der Universität ausgebildet werden, weil das mit
einem höheren Prestige und einem höheren Akademiker-
Gehalt verbunden ist als eine Ausbildung an einer stärker
praxisbezogenen Lehrerausbildungs-Anstalt.«

»Aber wenn`s um die Wissenschaft ginge, dann müssten wir
doch auch selbst forschen und selbständig einem Zusammenhang nachgehen können, statt vor allem fertiges Wissen
einzupauken, es in Tests zu reproduzieren und dann bald
wieder zu vergessen.
Müsste man nicht in einem wissenschaftlichen Studium wenigstens zum selbstständigen Denken ermutigt werden?
Stattdessen muss man ständig das wiederkäuen, was einem
die Hochschullehrer vor-dozieren und was gar nicht zur
kritischen Diskussion frei gegeben wird.
Ich würde gerne einem Zusammenhang einmal selbständig
weiter nachgehen, mal kritische Werke dazu in Ruhe lesen
und darüber diskutieren. Aber dazu bleibt keine Zeit. Man
rennt nur von einer Vermittlungs- und Testveranstaltung
zur nächsten und die Anwesenheit wird sogar oft noch kon-
trolliert.
Ich finde diese Gängelei und Testerei »kontraproduktiv«.
Da werden nicht wissenschaftliches Denken und Kreativität
entwickelt, sondern subalternes Gedächtnis-Training.
Und die Dozenten sind in ihre Spezialgebiete verliebt und
halten davon alles für besonders wichtig. Sie sehen oft sogar
selbst nicht mehr den Gesamtzusammenhang und den Sinn
ihrer wissenschaftlichen Arbeit für die Studenten.«

»Was hältst du denn zum Beispiel für den Sinn eines solchen wissenschaftlichen Arbeitens?«

»Etwa die Hilfe und Anregung zur Aufklärung unserer humanen, politischen, kulturellen, wirtschaftlichen, gesellschaftlichen Lebensbedingungen und ihrer historischen Entwicklung. Das heißt für mich zum Beispiel die Frage, was verschiedene Dichter und Denker jeweils in ihrer zeitgeschichtlichen Situation über die Bewältigung grundlegender humaner Problem- und Konflikt-Situationen gedacht und empfunden haben.«

»Das sind philosophische Fragen. Die sollten wir wohl wieder stärker auch in die fachwissenschaftlichen Studiengänge einbeziehen. Aber sie sind nicht primärer Gegenstand eines Fachstudiums.
Und was deine gewünschte Einbeziehung von Auslandsaufenthalten angeht, so könnte man dazu auch entsprechende Möglichkeiten für Ferienkurse an ausländischen Hochschulen organisieren und nutzen. So habe ich z.B. als Student damals einen anglistischen Ferienkurs an der Universität London besucht.«

»War denn bei euch das Studium auch schon so verschult?«

»Nein. zum Glück nicht. Das war aber eine ganz andere Situation unmittelbar nach dem Krieg. Wir waren aus Krieg, Lazarett, Gefangenschaft gekommen und wollten schnell und konzentriert ein uns sinnvoll erscheinendes Studium absolvieren. Wir hätten uns eine Gängelei, deren Sinn uns nicht plausibel erschien, nicht gefallen lassen.

Und was die Prüfungen angeht, so erinnere ich mich, dass im Schlussexamen mein Hauptfach-Professor mich fragte: »Mit was haben Sie sich in Ihrem Studium besonders beschäftigt? Welche Forschungsfragen und Erkenntnisprobleme haben Sie besonders interessiert und wie haben Sie sie zu klären versucht?

Zu welchen Ergebnissen, Einsichten, Zweifeln sind Sie dabei gekommen?

Was erscheint Ihnen im Rückblick besonders wichtig? Und welche Untersuchungsmethoden haben Sie besonders benutzt? Warum haben Sie zum Beispiel nicht auch stärker empirische Methoden eingesetzt?

Was erscheint Ihnen heute von ihrem Studium besonders fruchtbar- oder besonders problematisch und warum? Und wie würden Sie weiter studieren, wenn Sie weiter machen könnten?«

Mit solchen Fragen hat der Prüfer sich ein Bild davon zu machen versucht, was einen interessiert, was man angepackt und selbstständig gearbeitet hat und ob man das Studium kritisch reflektierend einordnen und beurteilen kann.

Das heißt: Es ging bei einer solchen Prüfung weniger um die Wiedergabe von eingepauktem Wissen, sondern um die Ermittlung von entwickelten Kompetenzen zum wissenschaftlichen Arbeiten und kritischen Wissenserwerb.

Solche Prüfungen haben natürlich auch die Art unseres Studierens beeinflusst – im Sinne von mehr selbst denken, sich orientieren und entscheiden – statt einfach Vorgesetztes nachzukauen.«

»Und warum ging das alles zu Ende und wir müssen heute so schülerhaft pauken? Können wir nicht wieder mehr Raum kriegen für ein selbständigeres Studieren?«

»Vielleicht erwartest du doch zu viel von deiner Studienzeit. Sind nicht im Grunde auch heute noch Studenten in einer privilegierten Situation?

Ich sehe doch auch, wie Studenten stundenlang auf dem Rasen hinter der Mensa liegen, im Bikini ein Sonnenbad nehmen, sich bei Cola und Eis-Essen unterhalten und einen ziemlich vergnügten und sorglosen Eindruck machen.

Denk doch mal an die Anderen, die in eurem Alter in einer Berufsausbildung und Berufspraxis arbeiten und den ganzen Tag in einer Werkstatt, einem Büro, am Fließband oder in einem Verkaufsladen nach fremden Anweisungen und unter ständiger Kontrolle tätig sind.

Die müssen morgens früh aufstehen und pünktlich am Arbeitsplatz sein und können nicht auch mal im Bett bleiben, wenn sie abends zu lange gefeiert haben oder einfach keinen Bock haben, zur Vorlesung zu gehen.«

»Das ist aber nur die eine Seite der Medaille. Was du nicht siehst: Wie man noch die halbe Nacht an einem Referat arbeitet, das man am nächsten Tag abgeben soll. Da siehst du eher zwischen aufgeschlagenen Büchern, Karteikarten und Notizzetteln gestresste Nervenbündel, die sich mit Kaffee und Zigaretten aufputschen, bis die Zeilen vor ihnen verschwimmen vor Müdigkeit.«

»Aber kann man nicht seine Zeit besser einteilen, so dass man nicht in der letzten Nacht noch gehetzt an die Arbeit gehen muss?«

»Vielleicht hat man den ganzen Tag in Veranstaltungen gesessen oder auch sonst was Wichtiges gemacht, was nichts mit der Uni zu tun hatte: waschen, einkaufen, aufräumen,

Briefe schreiben. Vielleicht hat man sogar seine Zeit mit solchen anderen Tätigkeiten zugebracht, um sich vor der unangenehmen Arbeit am Referat noch eine Zeit lang zu drücken?

Und dann sitzt man mit schlechtem Gewissen und dem festen Vorsatz, jetzt besonders zügig zu arbeiten, am Tisch – und man schafft es nicht, geht ins Bett und nimmt sich fest vor, am Morgen ganz früh auf zu stehen und besonders konzentriert zu arbeiten. Doch dann lasten die guten Vorsätze so schwer auf einem, dass man doch nicht aus dem Bett kommt.

Das ist ein Teufelskreis von schlechtem Gewissen, guten Vorsätzen und Ausweichstrategien. Und das Ganze beruht letztlich auf einem Gefühl der Sinnlosigkeit, dem Zweifel am Nutzen und der Verwendungsmöglichkeit dessen, was man da arbeiten soll, für die spätere Berufstätigkeit.

Je hochgestochener und abwegiger dann die Themen werden, desto mehr wachsen die Skepsis und die innere Distanz und lähmen die Arbeitsmotivation und die Arbeitsfähigkeit. Ohne inneres Engagement kann man nicht kreativ studieren.«

»Aber man studiert doch im allgemeinen nicht so isoliert allein, sondern zusammen mit Kommilitonen, mit denen man sich austauscht und sich auch gegenseitig hilft. Zum Studium gehört doch auch die fachliche Kommunikation und wechselseitige Motivation.«

»Auch dazu gibt es aber eine realistische Kehrseite: Wenn man im Seminar miteinander diskutiert, dann geht es oft gar nicht so sehr um das wissenschaftliche Thema, sondern darum, wer sich wie präsentiert, wer Bescheid weiß, wer akzeptiert wird, welchen Eindruck man bei den andern macht, was die andern über einen denken usw.

Das heißt: die Motivation ist weniger das Sachinteresse und mehr der Ehrgeiz des Eindruck-Machens, Sich-Überlegen-Zeigens, die Anerkennung-des-Dozenten-Findens. Die thematische Diskussion ist dann nur Mittel zum Zweck der Selbstdarstellung und Selbstbehauptung – übrigens auch bei den Dozenten.

Und bei diesem geheimen Ringen um das Sich-Durchsetzen sind dann meistens die Männer mehr in ihrem Element als die Frauen.

Es ist ja kein Wunder, dass die Studentinnen häufiger ihr Studium abbrechen als die männlichen Studenten.«

»Kann das nicht auch damit zusammenhängen, dass es Studentinnen beim Studium oft mehr um die Beziehungen als um die Wissenschaft geht?«

»Das ist das alte typische männliche Vorurteil, dass wir an der Universität vor allem auf Männersuche sind, d.h. einen Akademiker als Mann ergattern wollen.

Vielleicht sind uns aber ganz allgemein die menschlichen Beziehungen wichtiger als den männlichen Kommilitonen – auch unabhängig von Erotik und Sexualität. Wir sind offenbar durch Natur und Erziehung mehr auf mitmenschliche Fürsorge und Zuwendung bezogen als die meisten Männer. Und deshalb haben wir dann auch mehr Probleme mit dem unpersönlichen Umgangsstil in Massen-Vorlesungen und Konkurrenzkampf-Seminaren.

Und da sehe ich dann auch im Seminar wieder, was du nicht siehst: Wie die Studentin mit dem »klugen Gesicht« im Seminar sitzt und scheinbar interessiert zuhört und sich doch innerlich angespannt überlegt, was sie selbst in der Diskussion sagen könnte, wie sie etwas Bedeutendes formulieren könnte - und wie sie dann vor ängstlicher Erregung doch nichts heraus bringt.

Äußerlich gibt sie sich vielleicht den Anschein, dass sie das Ganze kritisch verfolgt, aber es nicht so wichtig findet, dass sie sich an der Diskussion beteiligen mag. Innerlich aber ist sie eingeschüchtert durch die scheinbar überlegenen Gesichter der andern und die Angst, sich vor denen zu blamieren.

Vielleicht lächeln die über die eigene Frage und meinen, man hätte das Referat, über das diskutiert wird, nicht verstanden.

Und tatsächlich hat man ja auch zeitweise gar nicht mehr konzentriert zugehört, weil man durch die eigenen Vorformulierungsüberlegungen abgelenkt war.«

»Es kann schon sein, dass die heimliche Angst, wie man wohl bei den andern ankommt, bei Studentinnen stärker ausgeprägt ist als bei den Männern, die dann auch mit dem unpersönlichen Auslesesystem der Universität besser zurecht kommen.

Die Kommunikation an der Universität ist aber nun einmal mehr durch Sachlichkeit, Abstraktion und zum Teil auch durch Selbstbehauptung und Profilierungssucht bestimmt als durch emotionale Einfühlung, Wärme und Zuwendung.

Die Forschung zielt ja auch mehr auf objektivierbare Sachverhalte, auf eine möglichst person-unabhängige Erkenntnisbildung. Und deshalb muss auch die universitäre Auslesefunktion mehr auf diesen Objektivitätsanspruch bezogen sein.«

»Siehst du nicht auch, dass das dann zu einem Spannungsverhältnis zur traditionellen weiblichen Sozialisation führen kann?

Und Studentinnen können ja auch noch durch einen gegenläufigen männlichen Erwartungsdruck im Studium irritiert werden.

Wir sind nun einmal auch Objekte männlicher Begierde, die attraktiv zu sein haben, wenn sie akzeptiert werden wollen.

Das führt dann zu einem zwiespältigen Erwartungsdruck: Neben dem Anspruch »Wie zeige ich die geforderte akademische Leistung?« steht auch die Frage; »Sehe ich gut genug aus, um sozial anzukommen?«

Dieser Zwiespalt kann zur Überforderung werden, die dann durch Bluff oder andere Fassaden überspielt wird.«

»Dahinter steckt wahrscheinlich das allgemeinere Problem der Diskrepanz zwischen den Leistungsanforderungen der Universität und einer dafür hinderlichen Sozialisation der Menschen, die entsprechende Schwierigkeiten haben, den Studienanforderungen zu entsprechen.

Das gilt zum Beispiel auch für Studenten aus bildungsfernen Arbeiterfamilien oder für ausländische Studenten, die durch andere kulturelle Traditionen geprägt sind. Bei den einen fehlt vielleicht das elterliche Vorbild für geistige Arbeit, für die akademische Sprache und eine entsprechende Bildungsausrichtung.

Und bei den ausländischen Studenten ist es die Konfrontation mit fremden Verhaltenserwartungen und zum Teil auch mit diskriminierenden Vorurteilen.

Und alle diese anders sozialisierten Gruppen haben es wie die Studentinnen besonders schwer, sich im Kommunikations- und Auslesesystem der deutschen Universität zu behaupten und sie brauchen besonders viel Kraft, Zuversicht und Anstrengung, damit sie es schaffen.«

»Aber da muss doch auch die Universität etwas tun, um denen, die mit ungünstigen Sozialisations-Voraussetzungen zu ihr kommen, den Einstieg und den Studienerfolg zu erleichtern. Und das heißt doch wohl, dass wir insgesamt eine menschlichere und kooperativere Atmosphäre an der Uni und eine gezieltere Studienberatung und Umstellungshilfe brauchen. Die unpersönlichen Massenveranstaltungen und Prüfungsprozeduren und der reglementierte Paukbetrieb dürften nicht so sehr die Atmosphäre des Studierens und der akademischen Kommunikation bestimmen.

Wir brauchen auch mehr gemeinsames Recherchieren, mehr kooperatives Projektstudium usw.«

»Ich denke, wir stehen da nicht nur im Blick auf besondere Problemgruppen, sondern allgemeiner vor einem Sozialisationsproblem, das sich generell aus dem Studenten-Status ergibt:

Das Studium ist ja eine eigenartige Zwischenstufe zwischen Schule und Erwachsenenleben. Der Student ist zwar biologisch, intellektuell, moralisch und erotisch-sexuell erwachsen, aber er steht wirtschaftlich noch nicht auf eigenen Beinen, er ist da noch abhängig und entsprechend unsicher.

Das ist wohl auch ein Grund für die Labilität und das Anerkennungsbedürfnis, die du beschrieben hast.

Es ist aber zugleich auch eine besonders privilegierte Lebenssituation. Der Student lebt noch in einer Art Moratorium, in dem er sich noch nicht im wirtschaftlichen Konkurrenzkampf selbst behaupten muss, sondern sich in einem spezifischen Schonraum bilden und sich qualifizieren und bessere Berufs- und Lebenschancen erarbeiten kann.

Dabei war die Universität früher auch noch mehr so etwas wie eine Spielwiese für die Suche nach der eigenen Identität und nach dem künftigen Beruf und eventuell auch nach dem künftigen Lebenspartner.«

»Das muss ja ein herrlich freies Studieren gewesen sein.«

«Aber diese Freiheit wurde auch ausgenutzt von Menschen, die immatrikuliert blieben, auch wenn sie gar nicht mehr studierten. Sie genossen dann noch die für Studenten gedachten sozialen Vergünstigungen (Mensaessen etc) und nutzten die Universität als eine Art Wärmehalle, Wartesaal oder Arbeitslosen-Zwischenlager.
Heute ist die Universität offensichtlich mehr eine überregulierte Institution, in der man in begrenzter Zeit selbst etwas gesellschaftlich Sinnvolles und persönlich Befriedigendes zu machen versuchen muss.«

»Schön wär`s, wenn das so einfach wäre. Die Universität müsste dazu auch geeignete gesellschaftlich sinnvolle und persönlich befriedigende Angebote machen. In Wahrheit kümmern sich aber die Dozenten mehr um ihre wissenschaftlichen Spezialgebiete und Veröffentlichungen als um die Erwartungen der Studenten.«

»Und was meinst du mit diesen Erwartungen der Studenten?«

»Wir erwarten gegenüber dem bisherigen Leben im Elternhaus ein selbstbestimmteres Leben und Lernen, durch das wir unsere persönlichen Fähigkeiten erproben und weiter entwickeln können.
Wir erwarten dann vor allem, auf eine interessante Berufstätigkeit gut vorbereitet zu werden.

Und wir erwarten auch interessante persönliche Begegnungen und Kooperationsmöglichkeiten mit Dozenten und Kommilitonen.«

»Gibt es dazu nicht auch heute noch entsprechende Möglichkeiten an der Universität?«

»Kaum. Wir müssen meist genauso fremdbestimmt und angepasst leben und lernen wie als Schüler. Und wir müssen Veranstaltungen und Tests absolvieren, deren Sinn und Nutzen für unsere persönliche Bildung und berufliche Qualifikation uns nicht plausibel gemacht werden kann. Und über die entfremdenden Kommunikationsstrukturen an der Universität haben wir ja schon gesprochen.«

»Du musst aber einsehen, dass die Universität keine Berufsausbildungs-Anstalt ist, sondern eine Institution für fachwissenschaftliche Forschung und Lehre.
Das heißt man soll in ihr wissenschaftliches Denken und Forschen lernen – sowohl für die Anwendung im späteren beruflichen Handeln wie allgemein für das außerberufliche Handeln im persönlichen und gesellschaftlichen Bereich.
Dazu muss sie allerdings, da gebe ich dir Recht, weniger zum stoff-orientierten Lernen und mehr zum problemorientierten Lernen anleiten und auch weniger das Konkurrenzverhalten und mehr das kooperative Erkenntnisstreben fördern.
Aber ich denke, du musst heute beim Studium auch lernen, etwas zu tun, was nicht im unmittelbar einsichtigen eigenen Interesse liegt, sondern im Interesse einer Institution oder Organisation, der man zugehört.«

»Das Problem ist aber eher, dass die Interessen und Anforderungen der Institution Universität unklar und zum Teil wohl auch unaufgeklärt-ziellos sind.

Deshalb gibt es auch keine überzeugende Studienberatung. Die Dozenten schwimmen ja selbst zum Teil in einem eigenartigen Spannungsfeld zwischen Theorie und Praxis.«

»Da muss ich aber doch die Hochschullehrer kollegial verteidigen.

Ich glaube da gibt es einen echten Zielkonflikt:

Der Universitätslehrer versteht sich in der Regel primär als Gelehrter und er sucht die Anerkennung der Fachwelt vor allem durch seine Forschungs-Veröffentlichungen auf meistens ziemlich spezialisierten Erkenntnisfeldern.

Von diesem wissenschaftlichen Ruf hängt es primär ab, ob er einen Ruf auf einen Lehrstuhl und dann eventuell an eine andere Universität erhält.

Von diesen Berufungen hängt dann auch seine Vergütung ab.

Der Student aber interessiert sich in der Regel nicht so sehr für die Spezialgebiete der Professoren. Er will vor allem die Fähigkeiten und die Kenntnisse erwerben. die wichtig sind für seine Lebensorientierung und für seine Handlungsfähigkeit im angestrebten Beruf.

Diese verschiedenen Zielausrichtungen von Dozenten und Studenten lassen sich nur schwer in Übereinstimmung bringen.

Aber jede Gesellschaft braucht nun einmal ein Auslese-System für die Kanalisierung der Zugänge zu den begrenzten begehrteren und besser vergüteten gesellschaftlichen Positionen.

Und dazu bietet ein erfolgreiches wissenschaftliches Studium eine relativ plausible Möglichkeit. Denn das Ergebnis eines solchen Hochschulstudiums sollte die Vertrautheit mit wissenschaftlichen Erkenntnisweisen und auch mit einem entsprechenden erkenntniskritischen Grenzbewusstsein sein.

Die Aufgabe der Universität ist also auch eine spezifische Kanalisierung sozialer Chancen und gesellschaftlicher Privilegien.

Und um die zu erwerben, muss man halt den gegebenen Anforderungen eines wissenschaftlichen Studiums genügen – auch wenn sie zum Teil nicht besonders wichtig erscheinen für eine bestimmte berufliche Tätigkeit.«

»Das heißt dann aber auch Anpassung an Leistungsanforderungen, die für die zu entwickelnde berufliche Handlungsfähigkeit unwichtig sind.«

»Ich habe den Eindruck, du siehst die Universität doch zu einseitig als Berufsausbildungs-Anstalt. Das Grundprinzip der Universität ist aber ihre Wissenschaftsorientierung. Ihre Gründungsidee zur Zeit Wilhelm von Humboldts war die Einheit von Forschung und Lehre. Und ich halte das in modernen Umsetzungsformen auch heute noch für ein faszinierendes Prinzip.

Das bedeutet nämlich etwas anderes als die von dir beklagte Übermittlung von kodifiziertem Wissen und dessen rezeptive Speicherung im Gedächtnis zur Reproduktion in entsprechenden Prüfungen. Es meint viel mehr die Anstiftung zum eigenen recherchierenden Lernen, das Wecken von Erkundungs- und kritischer Überprüfungs-Neugier, von Freude am Suchen von Zusammenhängen und Problem-

Lösungen und am kooperativen Experimentieren und Diskutieren, zum Teil auch angeregt durch die interessierte Teilnahme an Forschungsarbeiten der Hochschullehrer.«

»Ja, als aktiv forschendes Lernen statt rezeptiver Wissensspeicherung da würde das Studium sicher mehr Freude machen. Ich kann mir vorstellen, dass die Motivation zum angeleiteten aber dann doch auch selbstgesteuerten Verfolgen und Entdecken von Untersuchungszusammenhängen auch ganz anders die eigenen geistigen Kräfte mobilisiert als das frustrierte Pauken ohne Sinn und Verstand.
Das könnte einen ganz anderen Schwung, eine neue Aufbruchsstimmung in die Universität bringen.«

»Da kommen wir vielleicht an einen Kern des Problems: Dieser erkenntnissuchende Motivations-Schwung wäre wahrscheinlich wichtiger als alle äußeren Reformen von Studienordnungen, Testabfolgen usw.
Das ist auch nicht nur eine schöne Utopie. Ich habe so etwas als Student noch selbst erlebt. Für mich war das Studium keine Quälerei, sondern eine unvergessliche Bildungserfahrung, wahrscheinlich die schönste und belebendste Zeit meines Lebens.
Allerdings: Damals, unmittelbar nach dem Krieg, gab es noch nicht die moderne Massenuniversität. Wir waren kleine überschaubare Studentengruppen. In unserer Fakultät kannte fast noch jeder jeden auch persönlich.
Ich fürchte, wenn die Jugendlichen in Massen zur Universität strömen, führt das auch zu Formen der Massen-Abfütterung. Und das erschwert sicher ein selbst bestimmtes und persönlich betreutes forschendes Lernen.«

»Aber man erzählt uns, durch die Trennung in ein allgemeines Bachelor-Studium und ein nur für wissenschaftlich besonders interessierte Fortgeschrittene gedachtes Master-Studium könnte die wissenschaftliche Forschungsorientierung dann wenigstens für die kleinere Zahl der Master-Studenten ermöglicht werden.

Damit wird aber das Gros der Studenten zu dem verschultem Bachelor-Paukstudium verurteilt, das wir heute so schmerzlich erleben.«

»Ich halte diese Trennung in ein Bachelorstudium, das dann nach einer mehr berufspraktischen Einführungsphase wie dem Referendariat in die verschiedenen akademischen Berufe führt, und ein auf dem Bachelor-Abschluss aufbauendes wissenschafts-spezifischeres Masterstudium, besonders für den Wissenschaftler-Nachwuchs, für eine gute Idee.

Aber das Leitprinzip des forschenden Lernens müsste dann auch so weit wie möglich im Bachelorstudium gelten.

Wenn es im Masterstudium konsequenter umgesetzt werden kann, dann könnte es von da aus auch wieder vorbildhaft auf das Bachelorstudium zurück wirken.«

»Aber das BA-Studium ist ja auch kürzer als das bisherige Studium, das mit dem Staatsexamen oder dem Diplom abschloss. Und diese zeitliche Verkürzung führt mit zu dem Überforderungs-Stress, der heute allgemein beklagt wird.«

»Das liegt aber doch daran, dass der Lehrstoff nicht entsprechend konzentriert wird.

Das ist das gleiche Dilemma wie bei der Verkürzung der Gymnasialzeit von 9 auf 8 Jahre. Auch da ergibt sich die

Überforderung aus der Unfähigkeit der Verantwortlichen und nicht zuletzt auch der Lehrer, den Lehrstoff entsprechend zu kürzen. Das setzt eine fachliche und pädagogische Souveränität voraus, die den von der Bedeutung des eigenen Fachs lebenden Lehrern natürlich schwer fällt.

Ich sehe in beiden Lernzeitverkürzungen Chancen für eine im modernen elektronischen Informationszeitalter ohnehin notwendige Konzentration des Lehrstoffs auf das Grundlegende und Wesentliche. Wenn die zeitliche Verkürzung nicht zur Entlastung, sondern zu einer zusätzlichen Belastung der Lerner führt, dann ist das meines Erachtens ein bildungspolitisches Armutszeugnis.

Man darf die notwendige Konzentration auf wichtige Kernbereiche natürlich nicht allein den Fachwissenschaftlern überlassen, die alles, was sie bisher vermittelt haben, für wichtig und unverzichtbar halten.

Wenn ich die immer dicker werdenden Vorlesungsverzeichnisse durchsehe, dann fallen mir eine Fülle von Themen auf, für die es keine plausible Begründung gibt – weder unter dem Aspekt der beruflichen noch der allgemeinen geistigen Kompetenzentwicklung.«

»Aber das hilft ja nichts. Wenn ein Studiengang zeitlich und inhaltlich gekürzt wird, dann kriegt man als Absolvent im allgemeinen auch nicht die gleiche Berechtigung wie für das bisherige längere Studium.«

»Da ist bei allen Beteiligten ein Lernprozess fällig gegenüber unsinnigen quantitativen Maßstäben. Aber das ist wohl nur eine Frage der Zeit und der Gewöhnung an international übliche Verkürzungen der Ausbildungszeiten in einer Zeit, in der das lebenslange Weiterlernen und der flexible auch elektronische Zugang zu allen akut benötigten Informationen selbstverständlich geworden ist.«

»Aber selbst die inhaltliche Konzentration ändert ja beim Lehrerstudium nichts an dem Problem der fehlenden Berufsrelevanz des Studiums im Ganzen.«

»Da gibt es wohl ein Spannungsverhältnis, das sich nicht auflösen lässt. Es beruht auf dem Zielkonflikt zwischen der fachwissenschaftlichen Orientierung der Hochschullehrer und dem Bedürfnis der Studierenden nach einer wirksamen Förderung ihrer Berufsfähigkeit. Da geht es dann immer wieder um Kompromiss-Lösungen.«

»Aber der viel diskutierte Praxis-Schock der jungen Lehrer zeigt doch, dass diese Kompromisse bei unserem Studium nicht zufriedenstellend funktionieren.«

»Ich weiß nicht, ob dieser Praxis-Schock sich so einfach auf die einseitig fachwissenschaftliche Ausrichtung des Studiums zurückführen lässt.
Ich erinnere mich noch gut, dass zu meiner Studentenzeit sich der Praxis-Schock der Lehramtsstudenten mehr aus der Enttäuschung über die relative Primitivität der Referendariatsausbildung und der Schulpraxis im Vergleich zu den interessanten und anspruchsvollen geistigen Auseinandersetzungen an der Universität ergeben hat.«

»Das kann aber heute nicht mehr der Hauptgrund sein, denn diese freien offenen geistigen Auseinandersetzungen gibt es doch heute kaum noch.«

»Wahrscheinlich hängt diese Praxis-Schock-Erfahrung auch mit der schwierigen Rolle des Gymnasial-Lehrers zusammen.

Entweder er versteht sich noch primär als Fachwissenschaftler, dann versucht er auch einen möglichst wissenschaftlich anspruchsvollen Unterricht – oft mit dem Ergebnis einer Überforderung der Schüler, aber doch wenigstens der Erhaltung eines hohen persönlichen wissenschaftlichen Prestiges. Aber er passt als Gymnasiallehrer einfach nicht in die heimlich angestrebte Rolle des Hochschuldozenten, weil er nicht dozieren, sondern unterrichten soll, und weil er im Grunde doch nur Wissenschaft aus zweiter Hand vermitteln kann.

Eine andere Konsequenz aus der Erfahrung der Diskrepanz zwischen Hochschulstudium und Unterrichtspraxis ist die Abkehr der Gymnasiallehrer von der Wissenschafts-Fixiertheit und die resignierte Einstellung auf die Rolle des »Paukers« vor relativ undisziplinierten und wissenschaftlich uninteressierten Schulklassen.

Beide Reaktionen sind aber im Grunde eine Tragödie.«

»Aber wie soll und kann man dann diesen Praxis-Schock vermeiden?«

»Wahrscheinlich nur dadurch, dass man einerseits die Kluft zwischen Studium und Schulpraxis zu verringern versucht, - indem man zum Beispiel das Hochschulstudium mehr auch auf schulpraxisrelevante Inhalte bezieht und in der Schule ein selbständigeres forschendes Lernen fördert,

- und andererseits auch dadurch, dass man neben der Konzentration des Studiums auf die Lehrfächer stärker auch pädagogische und didaktische Fragestellungen in das Lehramtsstudium aufnimmt.«

»Aber wenn ich die Angebote, die es bei uns in der Pädagogik für Lehramts-Studierende gibt, ansehe, dann finde ich nichts, was mich für den Lehrberuf motivieren könnte.

Es sind meist Angebote von Lehrbeauftragten und wissenschaftlichen Angestellten, d.h. nicht von Professoren. Und die Themen sind »Soziologie der Schule«, »Professionalität des Lehrberufs«, »Organisation von Lehr- und Lernprozessen« und vor allem »Methoden der empirischen Leistungs- und Effizienzmessung«. Da spürt man nichts von der geistigen Bewegung und der kreativen Initiation, über die wir gesprochen haben.«

»Aber es gibt doch sicher auch die Auseinandersetzung mit großen Pädagogen?«

»Mir ist da nichts in die Augen gesprungen. Aber ich habe diese Beschäftigung mit der historischen Pädagogik ehrlich gesagt auch gar nicht vermisst. Das führt doch auch wieder nur dazu, dass wir in den Prüfungen dann auch noch nach historischen Daten und dem Inhalt historischer Werke abgefragt werden.«

»Du hast aber doch beklagt, du wolltest mehr darüber erfahren, wie verschiedene Dichter und Denker die Welt, das Menschenleben, die menschlichen Beziehungen und den Sinn ihres Wirkens gesehen haben.

Kannst du dich dann nicht auch dafür interessieren, wie große pädagogische Denker den Sinn des Menschseins und den Sinn der Bildung und Erziehung gesehen haben?

Eine solche Beschäftigung mit der Geschichte kann auch fachübergreifend wichtig sein für die Klärung unseres Selbstverständnisses als Menschen.

Und die Auseinandersetzung mit prominenten pädagogischen Konzeptionen kann doch auch anregend sein für eine Klärung deines eigenen Verhältnisses zu deinem späteren Beruf.«

»Ja, so etwas würde mich mehr interessieren als die langweiligen empirischen Untersuchungen und Statistiken, die unsere Pädagogik-Dozenten mit Vorliebe traktieren.
Was gäbe es denn da in der Geschichte der Pädagogik an interessanten Beispielen für wichtige Verständnis-Perspektiven?«

»Ich kann mir z.B. vorstellen, dass es für die Klärung deiner Universitätskritik wichtig werden könnte, dich einmal näher mit Wilhelm von Humboldt zu befassen, auf den sich viele Kritiker wie Verteidiger der deutschen Universität so häufig berufen.«

»Gut. Ich will mich da zunächst einmal aus verschiedenen Nachschlagewerken und aus dem Internet orientieren, dann könnten wir weiter darüber diskutieren.«

»Du willst also so eine Art Privatissimum – ich bin einverstanden. Es ist allerdings schon eine Weile her, dass ich mich mit Wilhelm von Humboldt und seinen Ideen befasst habe.«

Die Humboldtsche Universitätskonzeption

»Nach dem, was ich über die heutige Einschätzung der Humboldtschen Universitätsauffassung gelesen habe, scheint es ein Haupt-Kritikpunkt zu sein, Wilhelm von Humboldt sei ein weltfremder Idealist gewesen, der als reicher, wirtschaftlich unabhängiger Gelehrter aus dem preußischen Hochadel die Universität Berlin als reine Stätte wissenschaftlicher Gelehrsamkeit konzipiert hat, - ohne jeden Bezug zu einer praktischen Berufsausbildung und zu den banalen Nützlichkeitserwägungen der Menschen, die auf Grund ihres Studiums ihren Lebensunterhalt verdienen müssen.

Danach wäre Humboldt der Initiator der Idee von der Elfenbeinturm-Universität, die sich der reinen Wissenschaftspflege als Selbstzweck widmet, ohne sich um die reale Lebens- und Berufswelt draußen zu kümmern?«

»Wilhelm von Humboldt war ein engagierter Vertreter des deutschen Idealismus – wie Fichte, Schelling, Schiller und viel andere.

Für seine Wissenschaftsauffassung heißt das, dass wissenschaftliche Forschung vor allem die leitenden Ideen hinter den Erscheinungen, den bewegenden Geist in allen Lebensäußerungen, zu erfassen versuchen soll.

Wenn wir dieses Erkenntnisprinzip auf ihn selbst anwenden und die bewegenden Leitvorstellungen hinter seiner Wissenschafts- und Universitätsgründungs-Konzeption zu erfassen versuchen, dann muss man wohl zunächst einmal die ihn bewegende historische Ausgangssituation sehen:

Die deutschen Universitäten drohten seit der Mitte des 18. Jahrhunderts zu Stätten des Nachschreibens von mehr oder weniger langweiligen Vorlesungen und des Ausgleichs durch undisziplinierten Studentenulk zu werden.

Es gab deshalb starke Tendenzen zur Auflösung der Universitäten auf der einen Seite in Spezialschulen für verschiedene Berufe wie Ärzte- und Ackerbauschulen, Bergakademien etc. und auf der anderen Seite in reine Forschungsakademien.

Humboldt stoppte diese Auflösungstendenzen und setzte dagegen eine neue Konzeption der Universität als zentraler Stätte für wissenschaftliche Forschung und Lehre.«

»Aber ohne Rücksicht auf die verschiedenen Berufsfelder und die entsprechenden Berufsausbildungen.«

»Er wollte die Konzentration auf die gemeinsame Grundlage der verschiedenen beruflichen Spezialisierungen, nämlich auf die Wissenschaft als höchste Form und als Inbegriff des geistigen Wirkens des Menschen.

Das gemeinsame Prinzip des menschlichen Erkenntnisstrebens sieht er in der Suche nach den bewegenden inneren Kräften, den Ideen, hinter den Erscheinungen, weil das für ihn die menschengemäße Form der Welterklärung ist.

Die Einheitlichkeit des geistigen Erkenntnisstrebens des Menschen begründet dann für ihn die Einheit der Wissenschaft und die Einheit der Universität als der zentralen Stätte der Wissenschaftsentwicklung und -vermittlung.«

»Aber wie weit glauben denn Wissenschaftler heute noch an diese Ideen als die bewegenden Kräfte in den zu untersuchenden Erscheinungen?«

»Humboldt war sich erkenntniskritisch bewusst, dass die Ideen vor allem Erzeugnisse des menschlichen Geistes sind.

Sie sind ein Ergebnis des Prozesses der Weltaneignung durch den menschlichen Geist, wie es vor allem in der Zwischenschicht der menschlichen Vorstellungsbildung und der begriffsbildenden Sprache entsteht.

Durch das erkenntnis-suchende Erzeugen der bewegenden Ideen wird die Welt gleichsam in einen menschengemäßen kategorialen Strukturzusammenhang gebracht.

Humboldt hält es geradezu für den Sinn des Menschseins, die Welt idealisch zusammenschauend aufzufassen und sich so ein aufs Wesentliche konzentriertes humanes Weltverständnis zu erarbeiten.«

»Das ist aber doch etwas anderes als die Vermittlung exakten Faktenwissens.«

»Ja. Humboldt sieht die Hauptaufgabe der Universität in der Entwicklung der Kompetenzen für die Erkenntnis des Geistes in und hinter den Dingen.«

»Und wie hängt das mit seinem Prinzip der Einheit von Forschung und Lehre zusammen?«

»Humboldt sieht das belebende Element der Universität in dem Forschungsdrang engagierter Gelehrter. Der soll ansteckend auf die Studenten wirken. Deshalb müssen die Studenten in diese Suchprozesse einbezogen werden. Sie müssen teilnehmen an dem gemeinsamen Nachdenken, Beobachten, Recherchieren, um in sich selbst auch das geistige Auffassungsorgan zu entwickeln für die selbständige lernende Weltaneignung.

Die Teilhabe an dieser Forschung hält dann die Lehre lebendig. Das ist die faszinierende Grundvorstellung Wilhelm von Humboldts von der Universität.«

»Aber warum lehnt er so rigoros die Rücksicht auf den Nutzen dieser Forschung und Lehre für die Gesellschaft ab?«

»Da spielt ein besonderer zeitgenössischer idealistischer Anti-Nützlichkeits-Affekt hinein, den wir heute relativieren.
Aber es bleibt meines Erachtens wichtig, dass die Wissenschaft primär die reine Erkenntnis suchen soll, aus konzentriertem Erkenntnisstreben und aus Freude am Erkennen des Wesens und der Zusammenhänge der Erscheinungen – nicht gelenkt durch Spezial- Interessen und nicht korrumpiert durch materielle Vorteilssuche.
Dass Humboldt die Ergebnisse dieser reinen wissenschaftlichen Erkenntnissuche in die ihm besonders menschengemäß erscheinende Form von Ideen zu fassen versucht, das ist die historisch bedingte Ausprägung einer wichtigen Grundkonzeption von der Universität als Hüterin der Einheit der Wissenschaft.«

»Was würde Humboldt wohl zu dem unpersönlichen rationalen Betriebsklima an unserer Universität sagen?«

»Wilhelm von Humboldt war selbst mehr ein distanziert forschender Mensch, der sich für andere Menschen eher als Erkenntnisobjekte denn als hilfs- und liebesbedürftige Wesen interessierte. Das durchschauende Erkennen war ihm wohl auch im Verhältnis zu seinen Mitmenschen wichtiger als die liebende Zuwendung. Er wollte alles, was Menschen gestalten und hervorgebracht haben, von seinen inneren

Beweggründen her verstehen. Er war im Grunde dem Schicksal der Menschheit und der Idee des Menschen auf der Spur.

Und diese Erkenntnissuche durfte weder durch äußere Nützlichkeitserwägungen noch durch ablenkende persönliche Gefühle beeinträchtigt werden.«

»Also können sich unsere unnahbaren Gelehrtentypen auch auf Wilhelm von Humboldt berufen? Hat er für sie nicht auch das Wirken in »Einsamkeit und Freiheit« propagiert?«

»Aber das reine Erkenntnisstreben, das Humboldt als Grundprinzip der Wissenschaft verstand, beruhte nicht auf einer gefühllosen Rationalität, sondern gerade auch auf Einfühlung, Phantasie, »Ahndungsvermögen«, Gespür für Motive und auf Begeisterung für ein immer tieferes Verstehen des Menschseins.

Und Freiheit war für ihn auch Freiheit der Studenten für ihre Selbstbestimmung und die Selbstentwicklung ihrer Kräfte.«

»Und das Prinzip der Einsamkeit?«

»Das war für ihn wohl mehr eine Absage an gesellige Betriebsamkeit und an die Einbeziehung in Gruppeninteressen und Verwertungszusammenhänge.

Es ging vor allem auch um die von außen nicht gestörte Konzentration auf die Erkenntnis um der Erkenntnis willen – und nicht darum, sich vor andern hervorzutun, oder darum, gesellschaftliche Macht- und Anerkennungsbedürfnisse zu befriedigen.«

»Dann würde er also unsere universitären Konkurrenz-
kämpfe um Ansehen und Anerkennung ablehnen?«

»Er hat sich deutlich kritisch über den Neid, die Eifersucht,
die Rechthaberei und Zänkerei der Professoren geäußert
und er hielt deshalb z.B. auch die personelle Selbstergän-
zung der Lehrkörper durch die Fakultäten für falsch.
Aber dieses kritische Durchschauen der Motive der Menschen ist nur die Kehrseite seiner großen Offenheit für die
Mannigfaltigkeit des Menschseins und für die inneren bewegenden Kräfte, die ihr Handeln bestimmen.«

»Ich habe auch ein Zitat von ihm gefunden, in dem er sinn-
gemäß sagt, dass andere Menschen ihn nur soweit interessieren, wie er an ihnen etwas Neues über das Menschsein
lernen kann. Offenbar waren ihm seine Ideen lieber als die
Menschen.«

»Es gibt auch Äußerungen von ihm, nach denen er den
Sinn seines Lebens darin sah, das Eigentümliche aus den
verschiedenen Menschen und Kulturen aufzufassen und es
jeweils von innen her zu verstehen. Dadurch hoffte er, einer
Erkenntnis des Wesens des Menschen oder der Idee der
Menschheit näher zu kommen.«

»Immerhin ist das doch etwas anderes als die Stoffhuberei
und Wissenspaukerei für unsere laufenden Tests und Prüfungen.«

»Ja. Er fordert, die Professoren sollten nichts Fertiges vermitteln, sondern zum Suchen anleiten und die Studenten an
der Faszination der Erkenntnissuche teilhaben lassen.«

»Und was sagt er dann zu den Prüfungen?«

»Dazu hat er sich in einem Gutachten für die preußische Ober-Examens-Kommission deutlich geäußert: Er fordert, die Prüfer sollten nicht so sehr nach positiven Kenntnissen fragen, sondern mehr das »Formale der Intellektualität« des Geprüften, seine Kraft und Manier, ein gegebenes Thema räsonierend und praktisch zu behandeln, zu beurteilen suchen.

Die Prüfer sollen dazu da anfangen, wo der zu Prüfende steht (d.h. bei dem, was der Prüfling weiß und kann), und ihn dann herausfordern zum schnellen Auffassen der relevanten Punkte in der Diskussion und zum Zurückführen einer abschweifenden Diskussion auf den Kernpunkt.

Dadurch soll der Prüfer heraus zu finden suchen, wie klar oder verworren der Kopf und die Vorstellungen des Prüflings sind.

Und das geht nur, wenn der Prüfer mehr tut als »gerade gewisse Dinge aufsagen zu lassen«.

Humboldt fordert also Kompetenzprüfungen und er meint auch, die Prüfungsergebnisse könnten dann nicht einfach durch eine Notenzahl wieder gegeben werden, sondern sie müssten in persönlichen Kompetenzgutachten zusammen gefasst werden.«

»Ich begreife aber noch nicht, wieso bei uns gerade die Sprachwissenschaftler, die uns so mit ihrer Sprachgeschichte traktieren, sich immer wieder auf Wilhelm von Humboldt berufen.«

»Das hängt wohl mit Humboldts Sprachphilosophie zusammen. Für ihn ist die menschliche Sprache die Zwischenschicht zwischen der Welt und dem Geist des Menschen und sie ist das Medium menschlichen Erkennens. In der Begriffe bildenden Sprache assimilieren sich die Menschen die Welt.

Die Sprachforschung war Wilhelm von Humboldts eigenstes Forschungsfeld. Dazu hat er eindrucksvolle eigene Studien vorgelegt zum Vergleich verschiedener Sprachen und verschiedener Epochen der Sprachgeschichte.

Er versucht die verschiedenen Sprachen als Ausdruck verschiedener eigentümlicher Geistesformen zu verstehen und untersucht z.B. den Einfluss grammatischer Formen auf die Erkenntnisbildung und der Verschiedenheit des menschlichen Sprachbaus auf die geistige Entwicklung der Menschen.

In der Sprache entwickelt sich nach Humboldt der Geist einer Nation vor allem durch die eigenartige Entwicklung und Verknüpfung von Beziehungen, Verhältnissen und Ansichten. In der Sprache entwickeln die Menschen die Auffassungsformen für ihr Weltverhältnis.

Als vergleichender Sprachforscher verfolgte er, wie verschiedene Sprachen zu verschiedenen Welteinsichten führen, und wie der Mensch, wenn er eine Vorstellung sprachlich ausdrückt, sich an ein überindividuelles Ganzes anschließt.

Weil aber jede einzelne Sprache eine eingeschränkte Weltansicht impliziert, ist für Humboldt das Fremdsprachen-Lernen so bildungswichtig. Je mehr verschiedene Sprachen man beherrscht, desto mehr nähert sich der geistige Horizont einem übergreifenden humanen Welterfassen.«

»Aber damit bewegen wir uns doch auf der Ebene einer hochdifferenzierten Sprachforschung, die meines Erachtens nicht ins Lehramtsstudium gehört. In der Schule geht es doch mehr darum, eine Sprache sicher zu beherrschen und das eigene Sprachgefühl vielfältig zu entwickeln.«

»Humboldt sieht natürlich auch, dass man von den Nicht-Spezialisten nicht das verstehende und vergleichende Eintauchen in möglichst viele Sprachen erwarten kann. Aber weil er, wie alle Forscher, von der besonderen Bedeutung seiner Erkenntnisse für die allgemeine Bildung überzeugt ist, sucht er einen Kompromiss-Weg: Er sucht das Quantitätsproblem durch eine Qualitätsentscheidung zu überspielen. Wenn man sich nur in eine begrenzte Zahl von Fremdsprachen vertiefen kann, dann sollte man sich wenigstens auf die vollkommensten, besonders hoch entwickelten Sprachen konzentrieren. So kommt er zu der Forderung, Altgriechisch und Latein zu lernen, und so wurde er zum Begründer des humanistischen Gymnasiums.«

»Hat uns Wilhelm von Humboldt da durch seine Sprachgelehrsamkeit nicht pädagogisch etwas eingebrockt, was in der Praxis zu viel sinnloser Sprachpaukerei geführt hat?«

»Ich denke, die »grammatische Ideenverknüpfung«, die Beziehung von Welteindrücken auf bestimmte sprach-kategoriale Strukturzusammenhänge, das ist ein interessantes Forschungsfeld, das aber für Schüler und ihre Lehrer zu komplex und zu schwierig ist, um zu dem Bildungseffekt zu führen, den Humboldt im Auge hat.
Wir müssen in der Ausbildung wohl die Symbolkraft einer Sprache weniger durch wissenschaftliches Erkenntnisstreben als durch das Sprachgefühl und die einfühlende Vorstellungskraft aufzuspüren versuchen.«

»Was bleibt aber dann an wegweisenden Gedanken Humboldts für uns?«

»Ich denke, das ist die Neubegründung der Universität auf die möglichst reine und ganzheitliche wissenschaftliche Wesenserkenntnis.
Und pädagogisch ist es die Akzentverlagerung von der Wissensvermittlung zur Kompetenzentwicklung, vom Pauken zum forschenden Lernen und vom Lernen für das Leben zum Leben als Lernen.«

Natürlicheres Lernen?

»Ich bin im neuen Semester in ein pädagogisches Seminar gegangen, das sich mit dem Thema »Organisation des Lernens« befasst.

Das scheint mir ein relativ interessantes Thema zu sein – sowohl für mein Lernen an der Universität wie für meine geplante Lehrertätigkeit.

Und ich habe da ein Referat zu dem Thema »Natürliches Lernen?« übernommen – offen gesagt in der Hoffnung, dass du mir dazu wichtige Anstöße geben wirst.

Der Dozent hat gemeint, ich solle mich besonders auch kritisch mit Rousseaus Parole »Zurück zur Natur« auseinandersetzen.

War denn Rousseau so ein Utopist, der die gesellschaftliche Entwicklung wieder zurück drehen wollte zu einem natürlichen Urzustand, so nach dem Motto: Zurück auf die Bäume ihr Affen!?«

»Nein. Das ist Unsinn. Rousseaus zentrale Frage war: Wie kann man in der entwickelten und nach seiner Einschätzung entarteten Gesellschaft Menschen noch ihrer Natur entsprechend erziehen?«

»Also ein gesellschaftskritischer Ansatz?«

»Ja. Rousseau hält den Einfluss der gegebenen Zivilisationsgesellschaft auf die Entwicklung der Menschen seiner Zeit für verhängnisvoll – vor allem weil dieser Gesellschaftsbezug zu einer »komparativen Existenz«, d.h. zu einer Abhängigkeit vom Vergleich mit anderen führt.

Dadurch dass in der Gesellschaft der eine sich am anderen misst und dass man wesentlich von der Anerkennung der anderen abhängig wird, entwickelt sich ein Prozess der Selbstentfremdung. Man entwickelt sich nicht nach der eigenen Natur, sondern auf Grund von äußeren Einflüssen und gesellschaftlichen Zwängen.

Rousseau will dagegen eine unabhängigere Selbstwerdung, eine Entwicklung des Menschen nach der eigenen Natur, d.h. eine natürliche und keine gesellschaftlich bedingte Entwicklung der menschlichen Konstitution.«

»Meint er damit natürliches Wachsenlassen statt Erziehung?«

»Nein. Er sieht klar, dass die Entwicklung des Menschen stets durch die äußeren Umstände, mit denen er sich auseinander setzen muss, stark beeinflusst wird.

Er will aber diese Lebensumstände pädagogisch so manipulieren, dass der Umgang mit ihnen die natürliche Entwicklung des Menschen anregt.«

»Die Erziehungswirkung soll sich also aus einem künstlichen Arrangement von Beziehungen und Lebensumständen ergeben, die den Einfluss der herrschenden Gesellschaft ersetzen sollen? Was hat ihn denn so aufgebracht gegen die herrschende Gesellschaft?«

»Er lebte im 18. Jahrhundert, im Zeitalter des Absolutismus und einer extrem ungerechten Verteilung von Privilegien und Besitz. Rousseau wurde ja auch politisch zum Teil als Revolutionär verfolgt und 1789, einige Jahre nach seinem Tod, sogar als ein Wegbereiter der französischen Revolution gefeiert.

Aber seine Gesellschaftskritik bezieht sich nicht einfach auf die politischen Machtverhältnisse. Sie richtet sich grundsätzlicher gegen die Scheinheiligkeit des gesamten gesellschaftlichen Lebens mit seiner kriecherischen Höflichkeit ohne echte menschliche Anteilnahme.

Er stieß sich auch persönlich an der gespielten lässigen Geselligkeit und intriganten Geschmeidigkeit des konventionellen gesellschaftlichen Lebens seiner Zeit. Denn er war selbst mehr ein empfindsamer, vertrauender Mensch mit bekennender Offenheit, der sich nicht von gesellschaftlichen Konventionen verbiegen lassen wollte.

Er hat es z.B. abgelehnt, einer Einladung Ludwig des XV. zu folgen, weil er zu stolz war, sich in das höfische Unterwerfungszeremoniell einzufügen – obwohl ihm diese Audienz vielleicht eine Rente eingebracht hätte.

Und als ihm als politischem Flüchtling durch Friedrich den Großen Asyl gewährt wurde, schrieb er in seinem Dankesbrief an den König: »Sir, ich habe viel Schlechtes über sie gesagt und ich werde es vielleicht auch noch künftig sagen.« Rousseau sah sich selbst als aufrechten natürlichen Wanderer in einer fremden Welt des gesellschaftlichen Scheins, in der es vor allem um Geld, Macht und Besitz im vergleichenden Konkurrenzkampf geht.

Deshalb war ihm eine natürliche Erziehung so wichtig, die den Zögling dem verderblichen Einfluss dieser Gesellschaft, in der alle sich verstellen und mit den Wölfen heulen, entzieht.«

»Aber wie soll das denn gehen? Da muss man doch entweder die Gesellschaft ändern oder man muss die Kinder isolieren und einsperren in ein ideales Wolkenkuckucksheim, abgeschirmt gegen die reale Kultur und Gesellschaft.«

»Rousseau schwärmt von einem natürlichen, offenen herzlichen Umgang zwischen Erzieher und Zögling nach ursprünglichen Regeln einfacher, gewissensbezogener Sittlichkeit und grenzbewusster Bescheidenheit.«

»Wieso grenzbewusst?«

»Er hält nicht viel vom aufklärerischen wissenschaftlichen Fortschrittsglauben und Wissensstolz. Es gibt für ihn keine verlässlichen Kriterien für die Wahrheitserkenntnis – nur verschiedene wissenschaftliche Meinungen.«

»Jetzt weiß ich aber immer noch nicht so recht, wie sich Rousseau ein natürliches Lernen praktisch vorstellt.«

»Rousseaus Ausgangsfrage ist die nach der Natur des Menschen. Der Mensch, wie wir ihn heute sehen, ist bereits entstellt durch äußere Einwirkungen und Erfahrungen. Wie ist es möglich, den Menschen so zu sehen, wie ihn die Natur geschaffen hat, gleichsam in seinem ursprünglichen Zustand?

Rousseau spitzt die Frage sogar noch erkenntniskritisch zu: Wie kann man einen Urzustand erkennen, der vielleicht nie existiert hat, von dem wir uns aber einen Begriff machen müssen, um vor dieser Folie unseren jetzigen Zustand angemessen beurteilen zu können?

Er räumt ein, dass seine Nachforschungen über die Natur des Menschen keine historische Tatsachenforschung sind, sondern ein hypothetischer Aufklärungsversuch. Er spricht selbst von Mutmaßungen, die aus dem Nachdenken über die Natur des Menschen abgeleitet wurden.

Unter diesem Vorbehalt findet Rousseau zwei ursprüngliche Äußerungen des natürlichen Menschen: 1. den Selbsterhaltungtrieb und 2. das Mitgefühl mit anderen Lebewesen.

Er stellt sich den natürlichen Menschen vor als stark, widerstandsfähig gegen Wetter, Not, Entbehrungen und Gefahren und befähigt zur Selbstbehauptung in einem einfachen Leben. Sein Selbsterhaltungtrieb ist aber angewiesen auf mitmenschliche Kooperation und ist verbunden mit einer natürlichen Mitleidsreaktion dagegen, andere leiden zu sehen.«

»Erinnert das nicht an romantische Bilder vom »edlen Wilden«?«

»Rousseau geht es mehr um die »natürliche« Lebensdevise: Sorge für dein Wohl mit dem geringsten Schaden für die anderen.

Das natürliche Leben nach dieser einfachen Devise änderte sich nach Rousseau als der erste Mensch ein Stück Erde eingezäunt und es als sein Eigentum erklärt hat. Damit beginnt die bürgerliche Gesellschaft mit ihrem Wettbewerb um Besitz und mit Rivalität, Streit, Raub und Krieg. Jeder strebt nach mehr Besitz und Ansehen und verteidigt seine Privilegien. Politisch wird der innere Friede dann durch Herrschaftsverhältnisse gesichert und mit Knechtschaft bezahlt. Und die Herrschaft wird durch Teilung, Günstlingswirtschaft und Korruption zu sichern versucht – bis es zu Aufstand und Revolution kommt.«

»Das klingt wie die moderne Kritik an der kapitalistischen Gesellschaft und ihrem Einfluss auf die egoistische Geldgier des Menschen.«

»Für Rousseau ist das die Entfernung von einer natürlichen Sittlichkeit, die es verbietet, anderen Böses anzutun um des eigenen Vorteils willen.

Angesichts dieser Analyse stellt Rousseau die Frage: Wie ist eine natürliche sittliche Erziehung in der gegebenen korrumpierenden Gesellschaft möglich, - nicht auf einer abgelegenen Insel, nicht durch Rückkehr in die Wälder, sondern durch Handeln in dieser Gesellschaft?

Und er entwickelt diese Möglichkeit nicht theoretisch, sondern er schildert in seinem Erziehungsroman »Emile« auch ganz praktisch mit vielen Beispielen für konkrete pädagogische Maßnahmen, wie das gehen kann.«

»Aber ich habe gelesen, Rousseau habe seine eigenen Kinder in ein Findelhaus abgeschoben. Wie passt das denn zu seinen pädagogischen Ansprüchen und Ratschlägen?«

»Rousseau hatte keine eigene Familie, er führte ein unstetes Streunerleben, immer wieder auch verfolgt und ständig wirtschaftlich abhängig von der Unterstützung reicher Gönnerinnen. Und er sah im Findelhaus auch eine einfache arme Gegenwelt zu der entarteten modernen Gesellschaft.

Man muss wohl auch sehen, dass das Abgeben von Neugeborenen in Findelhäuser damals in Paris durchaus üblich war: Im Jahre 1772 ist für Paris bezeugt, dass fast 40% aller Neugeborenen in solche Findelhäuser gegeben wurden. Aber Rousseau hat doch zeitlebens unter diesem Nicht-Verhältnis zu seinen Kindern gelitten.«

»Aber was ist denn nun das Typische seiner natürlichen Erziehung?«

»Grundlage dieses pädagogischen Konzepts ist ein konstantes offenes Vertrauensverhältnis zwischen Erzieher und Zögling. Der Erzieher wirkt aber nicht durch Belehrung, sondern durch sein Arrangement von Umständen, Situationen, Dingen, von Gelegenheiten für das Selbstlernen durch Erfahrungsverarbeitung.

Emil lernt dann besonders aus den Konsequenzen seines eigenen Handelns. Wenn er z.B. leichtsinnig eine Fensterscheibe zerbrochen hat, dann muss er im Winter eine Zeit lang wegen der zerbrochenen Scheibe frierend in seinem Zimmer zurecht kommen.«

»Natürliches Lernen ist für ihn also Selbstlernen aus Erfahrungen?«

»Ja. Und aus der Erfahrung der Wirkungen eigenen Handelns entwickelt sich sowohl ein Bewusstsein der eigenen Kräfte wie ein Bewusstwerden der eigenen Grenzen. Das Ziel dieser »Erziehung« ist es, ein Gleichgewicht zwischen Bedürfnissen und Kräften (zwischen desire und pouvoir) zu finden. Dann führt die Selbsterfahrung auch zu einer natürlichen Selbstbescheidung.«

»Es geht ihm also vor allem um die Erfahrung und Entwicklung persönlicher Kompetenzen und Grenzen bei der handelnden Befriedigung eigener Bedürfnisse?«

»Ja. Es ist ein Lernen in praktischen Problemsituationen, die zu ihrer Lösung die eigenen Kräfte herausfordern – was dann zur Erfahrung der eigenen Möglichkeiten und Grenzen führt. Dieses »natürliche« Lernen steht für Rousseau in einem objektiven Sinnzusammenhang des Ganzen, in das sich jeder nach seinen Eigenarten einfügen muss. Das situative Erfahrungslernen wird aber von innen gesteuert durch den geistigen Selbstbehauptungswillen und das natürliche soziale Mitgefühl – und nicht von außen durch gesellschaftliche Anerkennungs- und Prestigebedürfnisse.«

»Im Grund ist dann also natürliches Lernen für Rousseau ein Lernen durch Erfahrungen in einer künstlichen Gegenwelt gegen die bestehende Gesellschaft? Dann ist das der radikale Gegensatz gegen das übliche Erziehungsziel einer Vorbereitung und Qualifizierung für ein erfolgreiches Leben in der bestehenden Gesellschaft.«

»Wenn die Gesellschaft und ihre Bedürfnisse und Anforderungen nicht mehr als Bezugspunkt für die Erziehungsarbeit akzeptiert werden, dann muss man einen anderen pädagogischen Bezugspunkt finden. Und der ist für Rousseau die fiktive unverfälschte Natur des Menschen.
Dadurch ist er zum Bahnbrecher für den Gedanken einer zweckfreien humanen Bildung geworden, wie er weitgehend für den deutschen Idealismus typisch war: Nicht die Anforderungen von Wirtschaft und Gesellschaft, sondern die zweckfreie persönliche Kompetenzausbildung ist der entscheidende Ansatzpunkt für die neue Bildungsarbeit.«

»Beruht das nicht auf einer pädagogischen Verdrängung der realen Lebensbewährung?«

»Aber in diesem Überlegungszusammenhang hat Rousseau die Hoffnung, durch eine freie Ausbildung der natürlichen geistigen und sittlichen Kräfte der Menschen würden Men-

schen herangebildet, die dann auch eine humanere Gesellschaft schaffen werden.«

»Also die Utopie einer Gesellschaftsveränderung durch
Bildung?«

»Du hast schon Recht: Die reale Gesellschaft wird in die-
sem pädagogischen Überlegungszusammenhang wohl eher
verdrängt als verändert. Die Vorstellung, eine naturgemäße
Menschenbildung könne die Gesellschaft - z.B. gegen die
Tendenzen zur Ökonomisierung der Lebenswelt – huma-
nisieren, bleibt eine vage Hoffnung.
Aber was hier als Rückbeziehung der Bildungsarbeit auf die
Natur des Menschen angestrebt wird, ist im Grund eine
pädagogische Wende, die bis heute zur anthropologischen
Begründung des Lernens geführt hat.
Aber das ist ein anderes Thema.«

»über das wir aber auch einmal diskutieren sollten!
Aber was versteht man denn heute mehr als zwei Jahrhun-
derte nach Rousseau unter »natürlichem Lernen?«

»Natürliches Lernen wird wohl weitgehend verstanden als
ein nicht künstlich veranstaltetes, sondern sich »natürlich«
im Lebensvollzug entwickelndes Lernen.
Das heißt, es geht um den »natürlichen« Prozess
  - des Aufnehmens und Wahrnehmens von Eindrücken
    und Informationen aus der Umwelt,
  - des vergleichend-ordnenden Verarbeitens, Gewich-
    tens und Bewertens dieser Eindrücke,
  - der Integration des so Erfahrenen und Verarbeiteten
    in eigene Einstellungs- und Vorstellungszusammen-

hänge und
- des anwendenden Umsetzens des so Gelernten in
ein entsprechendes einsichtig-verständiges Handeln
und Verhalten.«

»Aber diesen Lernprozess vollziehen wir doch alle mehr
oder weniger erfolgreich in unserem Lebensalltag, um uns
in einer komplexen Welt als Personen mit eigenem Denken
zu behaupten?«

»Ja. Das ist so etwas wie die Grundstruktur des lebenslangen Prozesses, den wir Lernen nennen.
Und dieses »natürliche« Lernen zu erleichtern und zu fördern, das ist dann die Aufgabe einer der Natur des menschlichen Lernens gemäßen Bildungs- und Erziehungsarbeit.«

»Ist das dann nicht im Grunde mehr eine lernpsychologische
Begründung für natürliches Lernen?«

»Es ist auch vor allem deshalb »natürlich«, weil es sich von
selbst, spontan in der Auseinandersetzung mit Umweltein-
drücken immer wieder so entwickelt. Die Charakterisierung
des Lernens als »natürlich« ergibt sich also aus dem immer
gleichen und daher als natürlich erfahrenen Prozess der In-
formationsverarbeitung.«

»Aber kann sich ein spontanes, nicht von außen beeinflus-
stes menschliches Lernen nicht auch auf andere Weise entwickeln?«

»Ja. Denken wir nur an die Art, wie Kleinkinder ihre Muttersprache lernen. Das ist auch ein sich »natürlich«, von

innen heraus, weitgehend ohne künstliche Beeinflussung entwickelndes Lernen, das sich offenbar nicht nach dem Muster der lernpsychologisch ermittelten Vorstellungs- und Bewusstseinsbildung vollzieht.

Es war besonders Maria Montessori, die diesem Geheimnis eines anderen »natürlichen Lernens« bei Kindern auf der Spur war.

Das Innere des Kindes – Montessori sagt »die Seele des Kindes« – absorbiert die ganze Muttersprache gefühlsmäßig nur durch mithörendes Aufnehmen in bestimmten Sensibilitätsphasen. Und fast plötzlich nach dem 2. Lebensjahr beginnt es dann diese Sprache zu sprechen– ohne Lernstress und ohne Vokabellernen und Grammatikkenntnisse.

Es ist das unbewusste Sich-Einleben und Einfühlen in ein komplexes Ganzes, ohne dass die Einzelheiten bewusst gelernt werden – so wie ein Foto ein ganzes Bild wiedergibt mit allen Details – ohne dass die Einzelheiten bewusst wahrgenommen werden.

Da wirkt eine unbewusste Aufnahme- und Reproduktionskraft, die eine hochkomplexe Sprache im Ganzen aufnimmt und wieder gibt, und zwar vollkommener als das meist beim bewussten Fremdsprachenlernen im späteren Lebensalter möglich ist.

Dieses ganzheitliche, alle Sinnes- und Gefühlsebenen einbeziehende Lernen gibt es nicht nur beim frühkindlichen Erlernen der Muttersprache, sondern auch allgemeiner bei der kindlichen Weltorientierung. Maria Montessori nennt das den anderen Pol des menschlichen Lernens.

Und diese Einsicht hat sie veranlasst, an diesem anderen Lernen die grundlegende Konstitution des menschlichen Geistes fest zu machen und auch allgemein auf die Bedeutung dieser Art »natürlichen« Lernens aufmerksam zu

machen. Von der behutsamen Förderung dieser unterbe-
wusst ganzheitlich aufnehmenden Konzentration und mit-
fühlenden Wahrnehmung hängt nach ihrer Überzeugung
eine erfolgreiche Bildungsarbeit bei Kindern ab – und nicht
vom Belehren und Unterrichten über viele Details.«

»Ich verstehe: Wie ein Kind aus dem riesigen, gewaltig tö-
nenden und blendenden Umwelt-Chaos Zuordnungen he-
rausfühlt und zu einem Weltverständnis findet, das ist eine
andere Dimension »natürlichen« menschlichen Lernens.«

» von der wir nicht recht wissen, wie weit sie auch in die
ganzheitliche Erkenntnisbildung im Jugend- und Erwachse-
nenalter hinein reicht.«

»Auf jeden Fall werde ich bei meinem Baby auf diese andere
Art des Lernens besonders achten.«

» Und vergiss dabei auch nicht, den Schatz zu lieben, der in
dem heimlichen Ahnen und Sehnen der Kinder beschlossen
ist.«

»Zunächst einmal stellt mich dieses Baby-Kriegen aber vor
schwierige äußere Studienprobleme, weil ich nicht mehr
meiner Präsenzpflicht in den Vorlesungen und Übungen
nachkommen kann.
Ich denke, das wäre auch ein Anlass für nötige Hochschul-
reformen: Wir bräuchten nicht nur eine stärkere Konzentration der Studienthemen auf wesentliche Orientierungen,
sondern auch freiere, selbstbestimmtere, auch zeitlich und
örtlich unabhängigere (und das heißt doch vielleicht auch
»natürlichere«) Studienmöglichkeiten.

Es ist nicht einzusehen, warum man ständig an der Uni anwesend sein muss.

Auch wenn man krank oder behindert ist oder wegen eines Jobs zur Studienfinanzierung nicht ständig brav zu Füßen der Dozenten sitzen kann, müsste man doch auf eine unabhängigere Weise weiter lernen und studieren können.«

»Dieses Problem hat uns auch schon vor 40 Jahren beschäftigt. Und wir haben damals begonnen, Möglichkeiten eines aus der Ferne angeleiteten Selbststudiums für verschiedene universitäre Studiengänge zu entwickeln.«

»Und was ist daraus geworden? Wo gibt es heute solche phasenweisen Selbststudien-Möglichkeiten?«

»Praktisch gibt es das an unseren Hochschulen nicht mehr. Aber das ist eine lange Geschichte, ein aufregendes Beispiel für das Schicksal einer Universitätsreform in Deutschland.«

»Das interessiert mich. Kannst du mir diese Geschichte nicht erzählen?«

Erfahrungen aus einem früheren Hochschulreform-Projekt

»Ich will dir gerne schildern, wie in den frühen 70er Jahren junge Universitätslehrer, Assistenten und Studenten versucht haben, die Universitäten zu reformieren.

Es ging uns damals in einer durch die 68-er Bewegung aufgewühlten Universität darum, selbständigere Studienmöglichkeiten, unabhängiger von einer ständigen Präsenz und Gängelung in Vorlesungen, Seminaren und Übungen, zu schaffen.«

»Das finde ich spannend.

Gerade dieses Studium ohne ständige Präsenz an der Hochschule würde mich ja auch ganz persönlich besonders interessieren.

Wenn ich in ein paar Monaten mein Baby bekomme, dann muss ich wohl mein Studium für einige Zeit abbrechen, weil ich die vorgeschriebenen Präsenz-Studien nicht absolvieren kann. Warum kann ich nicht in der Baby-Pause in anderer flexiblerer Weise weiter studieren? Aber die Dozenten scheinen darauf erpicht zu sein, dass man brav zu ihren Füßen sitzt und sich direkt das einverleibt, was sie für so wichtig halten.

Wie habt ihr denn das zu verändern versucht?«

»Wir haben damals relativ günstige Startmöglichkeiten gehabt.

Eine Reformbewegung braucht ja eine günstige Ausgangssituation und dann muss man verschiedene potente Interessen zusammen bringen und für das Vorhaben gewinnen. Und das ist damals im wesentlichen gelungen:

-Die Stimmungslage um 1970 war durch die Aufbruchsbewegung der sogenannten 68er allgemein aufgeschlossen für eine Reform veralteter Strukturen.

-An den Universitäten befürchtete man akute Kapazitätsengpässe durch eine sich abzeichnende Studenten-Lawine. Dazu musste der Universitätsbetrieb erweitert werden.

-Es gab interessante internationale Beispiele für ein orts- und zeitunabhängigeres Fernstudium, das eine Kapazitätserweiterung ohne zusätzliche Lehr- und Versorgungsgebäude und ohne große Personalinvestitionen zu ermöglichen schien.

-Und eine große Stiftung hatte sich gerade engagiert, ein Institut für die Entwicklung von Fernstudien in der BRD für eine längere Startphase zu finanzieren.

Vor diesem Hintergrund kam es zunächst darauf an, eine Reform-Konzeption zu entwickeln, in der die verschiedenen Veränderungs-Interessen sowohl in den Hochschulen wie auf der Seite des Staates und der Stiftung so weit Berücksichtigung finden, dass sich eine fruchtbare Zusammenarbeit in einem gemeinsamen Reformprojekt entwickeln kann.«

»Was waren denn diese verschiedenen Veränderungs-Interessen?«

»Auf der einen Seite versprachen sich die für die Hochschulen zuständigen Landesregierungen von der Einführung eines Fernstudiums eine »Untertunnelung« des Studentenbergs. Das heißt: Je mehr Studenten fern von der Hochschule zu Hause studieren, desto leichter erschien es, den Studentenandrang ohne zusätzliche große Investitionen in Gebäude- und Infrastruktur-Erweiterungen und ohne die Aufstockung des Lehr- und Betreuungspersonals bewältigen zu können. Man wollte auch nicht für eine als vorübergehend angesehene Notsituation dauerhafte Struktur-Erweiterungen schaffen.«

»Das ist der typische Einspareffekt, von dem die Finanzpolitiker offenbar im Blick auf die Hochschulen immer schon geträumt haben.«

»Man nannte das damals einen effizienteren Mitteleinsatz zur Entlastung und zur Kapazitätserweiterung der Hochschulen. Und die konservativen Köpfe in den Ministerialbürokratien dachten zum Teil auch daran, dass man durch das Fernstudium die Zusammenballung revolutionärer Studenten am Hochschulort verhindern könnte. Sie sahen die Chance einer örtliche Zersplitterung der Studierenden durch ihr isoliertes Studieren zu Hause.«

»Aber ich kann mir nicht vorstellen, dass die aufmüpfigen Studierenden damals diese ökonomischen und reaktionären Interessen der Staatsvertreter nicht gemerkt haben und nicht dagegen auf die Barrikaden gegangen sind.«

»Ja, das war genau die Reaktion, besonders der Studenten- und Assistentenverbände – zumal dann auch noch das ZDF mit dem Angebot einstieg, traditionelle Universitätsvorlesungen übers Fernsehen auszustrahlen und eine Art Fernsehuniversität zu gründen.«

»Was war denn so schlimm an diesem Ansatz?«

»Es kam den Reformern an den Hochschulen darauf an, die Lösung der Kapazitätsprobleme mit einer grundlegenden Studienreform zu verbinden.

Dazu war zunächst eine Institution auf der Seite der Hochschule nötig, die imstande war, die Regie und Organisation der nötigen Studienreform voranzubringen – und die doch auch von der staatlichen Seite mit getragen werden konnte.

Und da war es entscheidend wichtig, dass die Stiftung Volkswagenwerk schon vorher die Gründung eines von ihr für eine 5-jährige Aufbauphase voll finanzierten »Deutschen Instituts für Fernstudien« an der Universität Tübingen übernommen hatte, in dessen Aufsichtsgremien neben der Träger-Universität auch andere Hochschulvertreter und die Vertreter des Sitzlandes und der Kultusministerkonferenz angemessen vertreten waren.

Dieses Institut konnte damals nach Meinung aller Beteiligten ein zentraler Träger der angestrebten Hochschul-Reformen werden.«

»Und wie warst du dabei beteiligt?«

»Ich wurde als junger Hochschulprofessor für Pädagogik zum Gründungsdirektor dieses Instituts berufen und ich musste dann einen konzeptionellen Spagat versuchen, der die Ermöglichung eines didaktisch moderneren und von den Teilnehmern stärker selbst bestimmten Studiums zusammen brachte mit den Rationalisierungsinteressen der staatlichen Seite.

Ein entscheidender Ansatz war dazu der Versuch, den Aspekt des Fernstudiums in eine erweiterte Konzeption des »Selbststudiums im Medienverbund« einzubauen.«

»Und wie habt ihr euch die Entwicklung eines solchen Studiums im Medienverbund vorgestellt?«

»Ich habe den Begriff des »Mediums« so verstanden, dass er alle Vermittler von Informationen umfasst. Im einzelnen kann man dann personale Medien – also Lehrpersonen, Tutoren usw.- und nichtpersonale Medien unterscheiden. Bei den nichtpersonalen Medien standen die gedruckten Studientexte im Mittelpunkt, daneben können aber auch Tonbänder, Videokassetten, Hörfunk- und Fernsehsendungen und das Telefon einbezogen werden. Die modernen elektronischen Informations- und Kommunikationsmedien standen uns damals noch nicht zur Verfügung.

Es sollte zunächst für jeden Fachbereich in einer vorausgehenden Forschungs- und Experimentalphase überlegt und erprobt werden, welche möglichst operationalisierten Studienziele und welche thematischen Einheiten heute wesentlich erscheinen und welche sich am besten durch nichtpersonale Medien vermitteln lassen.

Da diese Planungen und Erprobungen nicht von jeder Hochschule isoliert zu leisten sind, haben wir für 25 Projekte interuniversitäre Fachkommissionen gebildet, in denen damals insgesamt 400 Professoren aus allen Universitäten –nicht nur bei der Planung, sondern dann auch bei der praktischen Umsetzung- mit gearbeitet haben.«

»Es ging dann aber nicht um ein konsequentes Fernstudium, sondern mehr um ein Mischsystem von Fern- und Direktstudium?«

»Ja. Es sollten nur begrenzte thematische Einheiten und nicht gleich ganze Semester oder gar ganze Studiengänge auf eine Vermittlung durch nichtpersonale Medien umgestellt werden. Dazu wurden die Studienteile ausgewählt, die am überzeugendsten ohne direkt lehrende Dozenten vermittelt werden konnten. Das waren vor allem die Informationsvermittlung und die Anleitungen zum Selbststudium. Die darauf bezogenen Seminare, Übungen etc. im Präsenzstudium konnten sich dann auch mehr auf die kritische Auseinandersetzung, Vertiefung und Akzentuierung dessen konzentrieren, was in dem objektivierten Fernstudienmaterial vorgegeben wurde.«

»Das setzt aber die Akzeptanz dieser Vorgaben bei den einzelnen Hochschullehrern voraus. Die durch Experten-Teamarbeit entstandenen Studientexte und Studienanleitungen werden in der Regel ja wohl inhaltlich besser gewesen sein als so manche örtliche Lehrveranstaltung. Und wir kennen doch die Eifersucht der Wissenschaftler.«

».Die objektivierten Studienmaterialien, die überregional eingesetzt wurden, mussten natürlich pluralistischer angelegt sein als die persönliche Lehrmeinung eines einzelnen Professors. Besonders bei kontroversen Themen mussten verschiedene Auffassungen als Grundlage für die kritische Urteilsbildung vor Ort zur Geltung kommen.«

»Welche nichtpersonalen Medien sind denn dann bei diesem Studium im Medienverbund am wichtigsten gewesen?«

»Die gedruckten Studienbriefe waren am wichtigsten. Sie enthielten Studientexte und didaktische Anregungen und Anleitungen zu ihrem Durcharbeiten sowie Tests, mit denen die Teilnehmer jeweils ihren Erkenntnisgewinn selbst testen konnten.
Dabei war auch die gute Zusammenarbeit mit einem aufgeschlossenen Verlag wichtig.

Zusätzlich konnten sich die Studierenden auch zur Diskussion in örtlichen Studienzirkeln, die zum Teil an den Volkshochschulen eingerichtet wurden, treffen und dort auch Beratungshilfen zur Bearbeitung der Studienbriefe finden. Es sollte auch ein Forschungsziel jedes Projekts sein, herauszufinden, welche Medien jeweils für welche Anregungs- und Vermittlungsfunktionen besonders geeignet sind und welcher Medieneinsatz dann auch in verschiedenen Studiensituationen besonders praktikabel und akzeptabel erscheint.«

»Und das Fernsehen?«

»Da sind wir zu keiner Einigung gekommen. Einmal passte die Bindung an feste Sendezeiten und (damals noch nicht so selbstverständlich verfügbare) Empfangsgeräte nicht zu den Vorstellungen eines zeitlich und örtlich unabhängigen Studierens und dann wollte sich auch das federführende ZDF die Auswahl der Professoren und der Themen für seine Sendungen nicht von meist nicht gerade konservativen Hochschul- und Studentengremien vorgeben lassen.«

»Habt ihr euch damit nicht das attraktivste Medium entgehen lassen?«

»Ich hätte gar nichts dagegen gehabt, auch Fernsehsendungen in die Medienverbundsprojekte einzubeziehen. Aber wir wollten nicht, dass einfach traditionelle Vorlesungen übers Fernsehen weiter verbreitet werden, dass diese Fernseh-Vorlesungen zu Leitmedien für das neue Studium werden und dass das Ganze schließlich zum Aufbau einer hochschulunabhängigen Fernsehuniversität führt.

Ich hatte zeitweise gegenüber der Bindung an feste Sende-
zeiten auf die rechtzeitige technische Entwicklung flexibler
einsetzbarer und für den Fernstudieneinsatz erschwinglicher
Video-Produktions- und Abspiel-Möglichkeiten gehofft.
Aber da hat uns die Technik damals im Stich gelassen.
Heute ließe sich ein von den Studenten selbst bestimmter
Einsatz von audiovisuellen Medien mit elektronischen Kom-
munikationsmöglichkeiten leichter realisieren.«

»Aber ich kann mir noch nicht recht vorstellen, dass die Professoren, die nicht als Autoren für eure Studienmaterialien
ausgewählt wurden, damit einverstanden waren, dass sie
gleichsam ersetzt werden und mehr oder weniger über-
flüssig werden sollten.«

»Der persönliche Bezug zwischen Dozent und Studenten sollte
ja nicht ausgeschaltet, sondern auf die Bereiche konzentriert
werden, in denen er am intensivsten wirksam werden kann,
nämlich auf die Zusammenarbeit in überschaubaren Gruppen.
Dafür sollen die Dozenten freigestellt werden von Massenvor-
lesungen und Routineveranstaltungen, die auch durch nichtpersonale Medien übernommen werden können.«

»Aber ist die Ausarbeitung von Vorlesungstexten nicht für
die Hochschullehrer auch wichtig als Grundlage für ihre Veröffentlichungen?«

»Wir haben die wie auch immer begründete Zurückhaltung
mancher Hochschullehrer zunächst dadurch überspielt, dass
wir bei der Erprobung des »Fernstudiums im Medienverbund« in einem Bereich begonnen haben, der die Hochschulen noch gar nicht wesentlich tangierte.

Wir hatten nämlich zunächst im Bereich der wissenschaftlichen Weiterbildung angesetzt. Und das war ein Feld, um das sich die Hochschullehrer noch gar nicht sehr gekümmert hatten.

Der Wissenschaftsrat hatte damals in seinen Empfehlungen zur Neuordnung des Hochschulstudiums eindringlich auf die Notwendigkeit einer wissenschaftlichen Weiterbildung hingewiesen und er hatte dazu die Einführung eines »Kontaktstudiums« vorgeschlagen: Die berufstätigen Akademiker sollten periodisch immer einmal wieder in Kontakt zu ihren Hochschulen kommen und sich an ihnen weiterbilden.

Aber dieses Modell hat sich, vor allem wegen der schwierigen Freistellung der Mitarbeiter von ihren Betrieben und wegen der Überlastung der Hochschulen, als nicht durchführbar erwiesen.

In diese Lücke sind wir eingesprungen. Wir haben gezielt zunächst bei der Weiterbildung der Lehrer angesetzt. Damit konnten wir auch besonders die für die Lehrerbildung zuständigen Kultusminister der Länder entlasten und für uns gewinnen.

Wir haben aber zugleich bewusst auch bei Fächern angesetzt, in denen es einen besonderen Lehrermangel gab. Das betraf damals besonders den Englisch-, Mathematik-, Biologie- und Religionsunterricht. Damit haben wir unversehens auch einen Schritt von der Lehrerfortbildung zur Lehrerausbildung getan.«

»Und wie lief dann dieses Fernstudium für Lehrer?«

»Es wurde zu einem großen Erfolg. Mehr als 100 000 Lehrer aus allen Bundesländern haben sich damals mit Studienbriefen aus den 16 Lehrerfortbildungsprojekten des Deutschen Instituts für Fernstudien (DIFF) weiter qualifiziert.

Vereinzelt werden auch heute noch einige unserer Fernstudienbriefe von Lehrern genutzt. Zum Teil werden sie auch noch offizieller – in weiter entwickelten Fassungen - z.B. bei der Weiterbildung von evangelischen Religionslehrern eingesetzt.«

»Aber wenn ihr damals Fernstudientexte zentral für die Bundesrepublik entwickelt und in allen Bundesländern eingesetzt habt, hat das nicht die föderalistischen Zuständigkeitsansprüche der Länder tangiert? Bei den Religionslehrern mag das noch leichter sein, weil die Kirchen wirksame zentrale Entscheidungsinstanzen haben.«

»Das war tatsächlich zum Teil eine schwierige Gratwanderung.

Einerseits wollten besonders die Länderfinanzminister mit der zentralen länderübergreifenden Produktion der Studienmaterialien einen wichtigen Einspareffekt erzielen. Und wenn das durch ein gemeinsames Institut gesteuert wurde, in dem sie auch ein gewisses Mitspracherecht hatten, schien das den meisten insgesamt auch akzeptabel.

Andererseits konnten die Länder auch zu den zentral entwickelten Studienmaterialien ergänzende Begleitveranstaltungen an ihren Lehrerfortbildungs-Einrichtungen durchführen, in denen sie noch eigene Akzente setzen konnten.

So wurde das Lehrer-Fernstudium des DIFF trotz einiger Schwierigkeiten insgesamt ein großer Erfolg.

Und diese Erfolgsbilanz hat uns dann auch den nötigen Vertrauensvorschuss für den Einstieg in das Hochschul-Erststudium gebracht.«

»Gibt es nicht bei der Verlagerung von der direkten Lehr-/ Lern-Kommunikation zu objektivierten Fernstudienmaterialien das Problem einer unangemessenen Fixierung und Veraltung der Inhalte? Gerade der Sinn der Weiterbildung ist es doch, dass man dadurch jeweils auf den neuesten Stand der Wissenschaft gebracht wird. Bringt nicht jede Fixierung eines Inhalts auf ein objekthaftes Medium auch die Gefahr einer Fixierung auf einen schnell veraltenden Wissensstand?«

»Da triffst du einen wichtigen Punkt, der damals auch an den Hochschulen diskutiert wurde.

Ich habe ja auch als Hochschullehrer nie eine Vorlesung unverändert wiederholt, weil sich der Erkenntnisstand immer wieder verändert hat.

Und das war auch ein wichtiges Argument gegen eine Fernseh-Universität. Ein in einer Fernsehproduktion fixierter Vortrag ist im allgemeinen weniger offen und flexibel veränderbar als eine jeweils an der Hochschule auf neuen Stand gebrachte Vorlesungsfolge.

Bei unseren schriftlichen Studienmaterialien haben wir einen ständigen kritischen Diskurs und eine laufende Akzeptanz-Auswertung vorgesehen, die auch immer wieder zu Revisionen und Verbesserungen der Texte geführt haben.

Es konnten dann bei den Studienbriefsendungen laufend einzelne Textteile erneuert und ausgetauscht werden.

Aber auch dieser Verbesserungsaufwand war bei einer zentralen Produktion von Texten für alle Bundesländer leichter zu finanzieren.

Bei Fernsehvorlesungen ist eine solche laufende Revision viel schwieriger. Eine Fernsehanstalt ist auch kaum in der Lage ohne die Hochschulen eine laufende Revisionsforschung zu organisieren und sie geht auch im allgemeinen mehr von überzeitlich gültigen Standardvorträgen aus.«

»Ich denke das Problem einer laufenden kritischen Diskussion lässt sich heute über elektronische Kommunikationsmöglichkeiten besser lösen.
Aber wie ging es denn dann bei euch weiter mit euren spezifischen Studienreformanliegen?«

»Die Diskussion an den Hochschulen und zunehmend auch in einer breiteren bildungspolitisch sensibilisierten Öffentlichkeit spitzte sich damals im Grunde auf die schon erwähnte Auseinandersetzung zwischen zwei Grundpositionen zu:
-Einmal gab es die Leitvorstellung von der kostengünstigeren Kapazitätserweiterung der Hochschulen durch eine zunehmende Verlagerung des Studiums auf ein häusliches Fernstudium.
Und innerhalb dieser ersten Grundposition gab es dann wieder zwei Umsetzungs-Alternativen:
Die Einen wollten eine rationellere didaktisch möglichst professionelle zentrale Fernstudien-Produktion und Organisation. Die andern dachten im Grund eher daran, dass dezentral am besten jeder Hochschullehrer seine Lehrinhalte selbst in Fernstudienbriefe umschreiben sollte.
-Die zweite Grundposition wollte das Fernstudium zu einem Vehikel für eine grundlegende Studienreform machen. Für die einzelnen Studienfächer sollten überregionale Fachkommissionen von jeweils 10-20 renommierten Professoren gebildet werden, die auf aktuellem Diskussionsstand die wichtigsten Lehrinhalte auswählen und zusammenstellen. Dieses modernisierte Kerncurriculum soll dann durch entsprechende fachdidaktische Projektgruppen zu lernpsy-

chologisch ansprechenden Studientexten und Studienanleitungen ausgearbeitet und zusammen mit Selbsttestmöglichkeiten verschickt werden.

Das heißt: Hier ging es nicht einfach um eine quantitative Kapazitäts-Erweiterung, sondern mehr um eine qualitative Verbesserung und Konzentration der verschiedenen Fachstudien-Möglichkeiten.«

»Und wie ist die Auseinandersetzung zwischen diesen beiden Grundkonzeptionen schließlich ausgegangen?«

»An den Hochschulen hatte sich die Reform-Konzeption weitgehend durchgesetzt.

Die staatliche Seite war gespalten, neigte aber insgesamt mehr zu der Kapazitätserweiterungs-Konzeption. Dabei gab es zum Teil harte interne Auseinandersetzungen zwischen den verschiedenen Ministerien und Staatskanzleien.«

»Und wie schlug sich euer Institut in diesen Auseinandersetzungen?«

»Wir waren als »Deutsches Institut für Fernstudien« auf die zentrale Funktion einer bundesweiten Entwicklung und Förderung des Fernstudiums angelegt.

Dieser Ansatz auf der Bundesebene führte praktisch zu einem latenten Spannungsverhältnis gegenüber den föderalistischen Interessen einzelner Bundesländer und zum Teil auch zu den Autonomie-Vorstellungen mancher Hochschullehrer.

Auf der Länderseite wurde der zentrale Entwicklungsansatz aber, wie gesagt, von den Finanzministern unterstützt - aus reinen Kostenersparnisgründen.

Auf der Hochschulseite waren es vor allem die Reformkräfte,

die mit Hilfe einer überregionalen Konzentration der Reformimpulse die Autonomieansprüche des Establishments an den einzelnen Hochschulen überwinden wollten.

Insgesamt aber dominierte an den Hochschulen damals doch - auch unter den Professoren und Rektoren – das Engagement für eine gemeinsame überregionale Bemühung um die Erprobung eines neuen Studiums im Medienverbund.

Bei den Studenten und Assistenten gab es zum Teil auch noch eine Aufbruchsstimmung, die auf weiter gehende bewegende utopische Erwartungen ausgerichtet war.«

»Was waren das für utopische Vorstellungen?«

»Es war im Grunde der Traum von der Ermöglichung eines selbstbestimmten, orts- und zeit-unabhängigen Studiums für alle Interessenten, - ohne die klassischen Zulassungsvoraussetzungen und ohne die sozialen Barrieren, die mit einem auch finanziell aufwendigen Präsenzstudium in Pflichtveranstaltungen an Hochschulen verbunden sind. Das heißt: Öffnung der Hochschulen für ein freieres, flexibleres Studieren – auch berufsbegleitend -im Lebenslauf .

Und dieses freiere, selbständigere, orts-, zeit- und lehrerunabhängigere, konzentriertere und besser gegliederte und organisierte Studieren sollte durch verschiedene (personale und technische) Medien angeregt und dadurch von der Abhängigkeit von selbstherrlichen Ordinarien und von dem »Muff von hundert Jahren« befreit werden. Dieses neue Studium sollte dann auch – an einer längeren Leine der Hochschule - mehr kreativ-recherchierend realisiert werden.«

»Haben dich solche Vorstellungen nicht auch fasziniert?«

»Ja. Das waren auch für mich zum Teil faszinierende Vorstellungen, die ich damals aber nur pragmatisch abgespeckt umzusetzen versuchte.«

»Und wie sah dann dieses pragmatisch abgespeckte Reformprojekt aus?«

»Die bisher unreflektiert-zufällige Mischung von direkter Lehre, Sozialphasen, individuellem Studieren und angeleitetem Selbststudium sollte durch eine bewusstere und planmäßigere Differenzierung und Kombination der Studienformen ersetzt werden. Dieser Klärungsprozess sollte dadurch in Gang kommen, dass schrittweise Fernstudienelemente in die dafür besonders geeigneten Studienteile einbezogen werden.«

»Und was wurde in der Praxis aus dieser ganzen umfangreichen Reformarbeit?«

»Wir konnten damals 25 Projektgruppen einsetzen, die von didaktisch versierten DIFF-Mitarbeitern unterstützt wurden und es haben sich an verschiedenen Universitäten tatsächlich offenere Studienmöglichkeiten entwickelt, das heißt die Studierenden konnten ihr Studium orts-, zeit- und lehrkraftunabhängiger zusammen bauen einerseits aus dem Besuch von Lehrveranstaltungen und andererseits aus der freieren Arbeit mit unseren Selbststudienmaterialien.«

»Für welche Studienfächer gab es denn solche Selbststudienhilfen?«

»Im Rahmen des FIM-Versuchs wurden Studienmaterialien erarbeitet, die in den (bewusst verschiedenen) Fächern Biologie, Mathematik, Psychologie und Elektrotechnik die Erarbeitung der wesentlichsten Themen auf dem Wege des Fernstudiums ermöglichten. Diese Möglichkeiten wurden bei der ersten Erprobung von 6000 Studenten verschiedener Universitäten genutzt.

Das DIFF hat aber darüber hinaus seine bisherigen Entwicklungsschwerpunkte im Bereich der wissenschaftlichen Weiterbildung (auch durch Erstellung von Studienbriefen zu den Funkkollegs und Zeitungskollegs) weiter ausgebaut.«

»Aber mich interessiert die Entwicklung im Erststudienbereich. Ergab sich da nicht ein ziemlich schwieriges Mischsystem von Fernstudium und Präsenzstudium an den Universitäten?«

»Ja. Ich hatte ein solches Mischsystem an einer australischen Universität kennen gelernt: Dort konnten die Studierenden jeweils für jedes Semester entscheiden, ob sie es durch Teilnahme an den Präsenz-Lehrveranstaltungen oder als angeleitetes Selbststudium zu Hause absolvieren wollen. Dieses Mischsystem ermöglichte es den Studenten zum Beispiel auch, neben beruflicher Tätigkeit oder einer Kinderbetreuungsverpflichtung oder bei sonstigen Behinderungen weiter zu studieren.«

»Aber ich stelle es mir als schwierig vor, wie dann dieses zeitweise Selbststudium in den Studiengang der betreffenden Universität ohne Einbußen eingepasst und als gleichwertig anerkannt werden kann.«

»Das ging nicht nur an der australischen Universität, sondern auch bei uns erstaunlich gut. Die überregionalen Fach/Reform-Kommissionen, in denen ja die meisten der am Projekt beteiligten Hochschulen vertreten waren, hatten sich in der Regel - oft auch erst nach längeren Diskussionen - auf gemeinsame Studienkonzepte und Studienmaterialien geeinigt, die dann auch gemeinsam überregional eingesetzt und laufend erprobt wurden.

Das war auch deshalb nicht so schwierig, weil es damals an den Universitäten noch nicht die starren im einzelnen festgeschriebenen Studienordnungen und Studiengänge gab. Die Studierenden hatten also ohnehin schon etwas freiere Auswahl- und Kombinationsmöglichkeiten als ihr sie heute habt.

Und die Hochschullehrer konnten ja in ihren Präsenzveranstaltungen die Studienbriefe auch kritisch diskutieren und ergänzen.«

»Und warum gibt es diese offeneren Studienmöglichkeiten heute nicht mehr? Wie konnte es dazu kommen, dass wir heute eher das Gegenbeispiel, nämlich ein total gegängeltes und verschultes Studium absolvieren müssen?«

»Wir hatten bald mit zunehmenden Reformumsetzungs-Schwierigkeiten zu kämpfen. Dabei kamen verschiedene Außenwirkungen zusammen:

Eine gewisse Rolle spielte im Hintergrund eine Roll-Back-Bewegung gegen die 68er-Aufbruchsstimmung. Die 68-er hatten sich auch durch ihre gewaltsame Unduldsamkeit und Intoleranz so weit diskreditiert, dass es an den Hochschulen zu einer wachsenden Reform-Skepsis, zu wieder aufleben-den Autonomie-Ansprüchen vieler Ordinarien und zum Teil auch zum Widerstand gegen alle Studienreform-Anstöße kam.

Aber gravierender war es meines Erachtens, dass das neue »Studium im Medienverbund« sich länderübergreifend als von den Hochschulen selbst gestaltetes Reformprojekt durchzusetzen begann.

Die Hochschulen haben nämlich darin auch eine Chance gesehen, ihre überregionale Zuständigkeit und Verantwortung auf Bundesebene in einer eigenen Organisation, der damals gegründeten »Hochschulvereinigung für das Fernstudium«, zu manifestieren.

Es ging dabei um nicht mehr und nicht weniger als eine demokratisch legitimierte überregionale Selbstverwaltung der Hochschulen mit an den Hochschulen gewählten Fachbereichskommissionen, die jeweils Delegierte in die überregionale Mitgliederversammlung und in verschiedene Studienreformkonferenzen und einen Leitungsausschuss auf Bundesebene schickten.

Damit geriet das Reformprojekt eines »Studiums im Medienverbund« in eine stärkere Frontstellung zu den Landesregierungen. Die Konferenz der Ministerpräsidenten der Länder hatte den »Entwurf eines Staatsvertrags für das Fernstudium im Medienverbund« beschlossen, in dem das Primat der Länder bei allen Entscheidungen über die Entwicklung der Medienverbundprojekte an den Hochschulen festgeschrieben wurde.

Die Hochschulen empfanden das als eine Desavouierung der Träger einer überregionalen demokratischen Hochschul-Selbstverwaltung und als eine Degradierung der Hochschulen zu Ausführungsinstitutionen für staatliche Entscheidungen.

Aber da die Länder als Geldgeber am längeren Hebelarm saßen, ging dann in den Hochschulen das Interesse an einem nicht mehr in eigener Regie zu entwickelnden Hochschulreformprojekt deutlich zurück.

Bei den Landesregierungen war aber das Misstrauen gegen ein Hochschulreformprojekt auf Bundesebene geweckt und es kam bei einigen Ländern zu Überlegungen, die Finanzierungsbeteiligung bei dem von den Hochschulen so eigenmächtig umgesetzten Studium im Medienverbund zu beschneiden.«

»Hätte denn da nicht der Bund einspringen können?«

»Tatsächlich hat die Bundesregierung angesichts einer Abnahme des (Finanzierungs-)Interesses einiger Bundesländer angeboten, fünfzig Prozent der Kosten für das DIFF und seine Projekte zu übernehmen – gegen die Gewährung einer entsprechenden Mitbestimmung in den Institutsgremien. Diesem finanziellen Entlastungsangebot konnten die Länder trotz föderalistischer Bedenken nicht widerstehen und es kam zu einer fifty-fifty-Aufteilung der DIFF-Finanzierung zwischen dem Bund und den Ländern.«

»War denn damit nicht die Zukunft des DIFF und seiner Projekte abgesichert?«

»Diese Hoffnung hat leider getrogen. Die neue Beteiligung des Bundes, der hier natürlich auch eine Möglichkeit sah, seine Befugnisse im Hochschul- und Lehrerbildungsbereich zu erweitern, erwies sich bald als verhängnisvoll.

Es wurden nämlich plötzlich verfassungsmäßige Bedenken formuliert, weil nach dem Grundgesetz dem Bund im Hochschulbereich nur eine Zuständigkeit für die Forschungsförderung zustand.

Das wurde so interpretiert, dass die Mit-Förderung des DIFF durch den Bund nur aufrecht erhalten werden konnte, wenn das Deutsche Institut für Fernstudien zu einem Deutschen Institut für Fernstudien_forschung_ umgewandelt wurde.

Da die Länder nicht mehr auf die Mitfinanzierung durch den Bund verzichten wollten und konnten, musste das DIFF seine Projektentwicklungsarbeit auslaufen lassen und sich auf Forschungsprojekte zum Fernstudium konzentrieren. Die Weiterexistenz des DIFF war also gesichert, aber es sollte die Schwerpunkte seiner Arbeit auf die Fernstudienforschung verlegen. Damit liefen die Arbeiten an der Entwicklung eines bundesweiten Studiums im Medienverbund aus.«

»Konnte man denn ein Entwicklungs-Institut mit hundert ganz anders ausgerichteten und qualifizierten Mitarbeitern so einfach zum Forschungsinstitut machen?«

»Weil ich das auch bezweifelte und mich für diese Umstellung nicht engagieren wollte, bin ich als Institutsdirektor und Vorstandsvorsitzender der Stiftung DIFF zurückgetreten und ich habe mich danach mehr auf die Arbeit für meinen Lehrstuhl an der Universität konzentriert.«

»als Opfer des unseligen Bund-Länder-Dualismus im Bildungsbereich.«

»Es wurde dann zwar dem DIFF noch eine Abwicklungszeit für den Abschluss des Hochschulprojekts zugestanden, aber durch diese bildungspolitische Entwicklung wurde dem Versuch einer bundesweiten Hochschulreform durch die Einführung eines »Studiums im Medienverbund« an den bundesdeutschen Hochschulen doch das Wasser abgegraben.«

»Gab es denn keinen Ausweg?«

»Es gab nur noch den Ausweg der Realisierung eines Fernstudiums im Medienverbund durch ein einzelnes Bundesland.
Johannes Rau hat damals als nordrhein-westfälischer Wissenschaftsminister diese Chance realisiert und statt der auch von ihm ursprünglich unterstützten kooperativen bundesweiten Fernstudienentwicklung eine eigene Fernuniversität des Landes in Hagen gegründet.
Diese Fernuniversität führt bis heute eine große Zahl von Studierenden auf dem Wege eines angeleiteten Selbststudiums zu verschiedenen anerkannten Hochschulabschlüssen. Sie hat die vollen Rechte einer eigenen Landesuniversität, bietet aber nur Fernstudien-Lehrgänge an.«

»Siehst du darin einen plausiblen pragmatischen Ausweg aus den Schwierigkeiten eines überregionalen medialen Studienreformprojekts?«

»Ja und nein. Durch die Gründung der Fernuniversität wurden 2 Ziele erreicht:

1. Es wurden Studienmöglichkeiten für Menschen geschaffen, die aus verschiedenen sozialen, beruflichen, familiären, gesundheitlichen oder finanziellen Gründen kein Vollzeit-Präsenz-Studium an einer Hochschule absolvieren können.
2. Erfahrene Mitarbeiter des DIFF, die an unserem überregionalen Medienverbundsprojekt mitgearbeitet hatten, konnten zur neuen Fernuniversität überwechseln und ihre Erfahrungen aus unserer Projektarbeit in maßgebenden Schlüsselpositionen in die Entwicklung der Fernstudiengänge in Hagen einbringen.«

»Du bist aber offenkundig nicht ganz zufrieden mit dieser Entwicklung?«

»Damit wurde das auch dich interessierende Anliegen nicht befriedigt, an den bestehenden Hochschulen den Lehrbetrieb durch die Einführung freierer Selbststudienmöglichkeiten aufzulockern und zu reformieren. Also das, was du zu Beginn unserer Diskussion beklagt hast an verschultem Paukstudium an den »normalen« Hochschulen, das blieb durch die Gründung einer separaten Fernstudien-Universität unberührt.

Das heißt, die Möglichkeiten, zeit-, orts- und professorenunabhängiger zu Hause zu studieren, blieben auf eine Spezialeinrichtung beschränkt, die unabhängig von den anderen Hochschulen und Kultusministern als eigenständige Institution operieren konnte.

Die Vision einer Umstrukturierung des allgemeinen Hochschulstudiums durch ein planmäßig differenzierendes Zusammenwirken verschiedener personaler und technischer Medien bleibt damit unverwirklicht.

Also: Erweiterung der Fernstudienmöglichkeiten: Ja.

Anstoß zu einer allgemeinen Studienreform durch Öffnung der Studiengänge für ein orts- und zeit-unabhängigeres Studium im Medienverbund: Nein.«

»Und was bedeutete die Umstellung von einem Entwicklungs- zu einem Forschungsinstitut für die anderen Projekte des DIFF?«

»Das bedeutete auch das Ende der viel umfangreicheren Entwicklungs- und Umsetzungsarbeiten in der wissenschaftlichen Weiterbildung und der Produktion von Studienmaterialien für die Funkkollegs und die Zeitungskollegs. All diese Arbeiten entsprachen nicht den Kriterien der gemeinsamen Bund-Länder-Forschungsförderung und konnten deshalb nicht mehr finanziert werden.«

Neuer Hochschulreform-Ansatz?

»Was könnte man denn auf Grund eurer Erfahrungen heute eventuell tun, um die Studiensituation an unseren Präsenz-Hochschulen durch die Einbeziehung verschiedener Medien zu öffnen und zu verbessern?«

» Zunächst bräuchte man wohl eine überzeugende und praktikable hochschuldidaktische Konzeption.
Dann wäre es besonders günstig, wenn man wieder eine Stiftung finden würde, die erste Umsetzungen und Praxis-Erprobungen dieser Konzeption finanziert.
Auf eine verlässliche staatliche Startfinanzierung sollte man nach unseren Erfahrungen lieber nicht bauen.«

»Und wie könntest du dir eine solche Konzeption heute vorstellen?«

»Nach den Erfahrungen, die wir vor 40 Jahren gemacht haben, sollte man nicht zu viel auf einmal wollen.
Ich könnte mir vorstellen, dass man damit beginnt, zunächst in einem besonders günstigen Studienfach eine Kommission zusammen zu bringen, die in einer kritischen Curriculum-Reflexion und –Revision die wichtigsten Kompetenzen zu formulieren versucht, die in dem betreffenden Studiengang vermittelt werden sollen. Dabei sollten aber nicht nur Fach-kollegen, sondern auch Praktiker aus den künftigen Arbeits-feldern der Absolventen mitwirken.
Anschließend könnte eine Projektgruppe von Fach- und Mediendidaktikern und erfahrenen Lehrkräften zu diesen Studienthemen jeweils die günstigsten Vermittlungsformen

und Medien ermitteln und entsprechende Studienbausteine produzieren und Studienanleitungen formulieren.
Diese müssten dann durch Teststudenten erprobt und ggf. modifiziert werden.«

»Das wäre die Entwicklung neuer inhaltlicher Studieneinheiten und neuer medialer Vermittlungsformen zunächst in einem Studienfach als ein interessantes separates Versuchsprojekt. Aber wie kriegt man dazu dann die Zustimmung der übergreifenden Hochschulgremien? Da kann es doch noch große Akzeptanzprobleme in den Hochschul-Senaten, etwa von konservativen Fakultäten, geben.«

»Vielleicht kann man zunächst einmal einen Duldungs-Konsens erzielen, wenn man die Fachkollegen einer renommierten Disziplin, die möglichst zum Teil schon bei der Entwicklungsarbeit beteiligt waren, dazu gewinnt, dass sie die entwickelten Studienbausteine für das Selbststudium akzeptieren und sie – auch zu ihrer Entlastung - als Alternative (mit angemessener Prüfungsrelevanz) zu entsprechenden Präsenzstudienangeboten anerkennen.
Dann müssten der Erfolg zunächst an einer Universität und offene konstruktive Kommunikationsprozesse in einschlägigen Gremien und Konferenzen allmählich auch den Durchbruch bei anderen Fächern und bei anderen Hochschulen und die Akzeptanz auch bei den zuständigen Ministerien bewirken.«

»Das ist aber ein langer, komplizierter und aufwendiger Weg.«

» Deshalb plädiere ich auch für eine unabhängige Finanzierung dieser zunächst das Terrain aufrollenden Entwicklungs- und Einführungsarbeiten durch eine oder mehrere Stiftungen.

Wir haben die Startschwierigkeiten damals auch – sogar gleich in mehreren Studienfächern und an vielen Hochschulen - mit Hilfe großzügiger Honorare einer Stiftung für die mitarbeitenden Hochschullehrer überwunden.«

»Aber damals in einer anderen reformfreudigeren Stimmungslage.«

»Deshalb würde ich auch heute zu einem kleineren Start raten und zunächst an einer Hochschule beginnen, bei der besonders günstige Bedingungen gegeben sind.

Im übrigen ließe sich vielleicht der Aufwand auch dadurch reduzieren, dass man entwickelte Fernstudienbausteine der Fernuniversität Hagen übernimmt, wenn sie zu den ausgewählten Kernthemen existieren und sich bewährt haben.

Es gibt auch hervorragende Selbststudien-Einheiten der britischen Open University, die eventuell übersetzt oder in der Originalsprache (zum Beispiel in Anglistik) erprobt werden könnten.«

»Eine moderne Studienreform-Inszenierung, die vor allem auf der Einführung neuer, durch technische Medien vermittelter Selbststudienmöglichkeiten beruht, müsste aber dann heute vor allem die neuen elektronischen Informations- und Kommunikationsmöglichkeiten einbeziehen.«

»Was ich dir erzählt und vorgeschlagen habe, beruht auf den Erfahrungen, die wir vor 40 Jahren mit dem immerhin größten Hochschulreformprojekt der Bundesrepublik gemacht haben. Mit den neuen elektronischen Medien lässt sich ein ortsunabhängigeres Studieren heute sicher viel moderner, flexibler und kommunikativer verwirklichen.

Die Studienzirkel, in denen sich die Teilnehmer damals bei uns getroffen haben zum Austausch von Erfahrungen und Beratungshilfen, die könnten zum Beispiel heute auch übers Internet organisiert werden.

Das Gleiche gilt sicher auch für die Einbeziehung visueller Veranschaulichungen, Filmsequenzen usw.«

»Könnte das nicht vielleicht überhaupt der Clou bei der Einführung neuer Selbststudienmöglichkeiten werden: Ein ganz neues modernes Studieren mit dem i-phone, über das man jeweils die verschiedensten Informationsquellen anzapfen kann für die eigene Erkenntnisgewinnung und die fachwissenschaftliche Kompetenzentwicklung!«

»Ich denke, man braucht wohl heute auch keine Studientexte mehr per Post zu verschicken. Vieles lässt sich jetzt schneller und flexibler elektronisch verschicken und diskutieren.

Und jeder kann vielleicht auch über Face-Book, Twitter und wie die modernen Kommunikationsnetze alle heißen, zu allem, was über ein Universitäts-Netz vermittelt wird, unmittelbar antworten und rückfragen.

Entscheidend wird aber sicher sein, dass die Studierenden nicht übers Internet mit einer verwirrenden Informationsvielfalt konfrontiert werden, sondern dass das Ganze durch eine auf wesentliche fachwissenschaftliche Kernthemen konzentrierte wissenschaftsdidaktische Gesamtkonzeption bestimmt wird.«

»Ich denke da auch an eure Probleme mit dem Universitäts-Fernsehen: Ihr habt doch die Sorge gehabt, dass die Technik nur dazu dienen könnte, veraltete Vorlesungen zu objektivieren und verbreiten.

Diese Gefahr sehe ich bei den modernen elektronischen Medien nicht. Denn da geht es nicht um die brave Rezeption langer objektivierter Darbietungen, sondern mehr um die flexible Kommunikation im Frage- und Antwort-Wechsel, um individuelle Meinungsäußerung und kritische Diskussion.

Damit ließe sich wohl auch die heute von allen Seiten geforderte Individualisierung des Lernens und der Bildungsförderung leichter verwirklichen.«

»Ich sehe aber doch das Problem, dass übers Internet, so weit ich weiß, nur knappe Meinungsäußerungen ausgetauscht, aber weniger über zusammenhängende Probleme integrativ informiert und darüber auch kaum ein gründlicher kontinuierlicher Argumentations-Austausch ermöglicht wird.

Vielleicht sind diese modernen Kommunikationsprozesse doch zu sprunghaft und kurzatmig für das konzentrierte Studieren komplexer wissenschaftlicher Problemzusammenhänge?«

»Ich weiß nicht, ob das ein zwangläufiger Effekt der neuen Kommunikations-Systeme ist. Und ein gewisser Zwang zu einer konzentrierten Kürze der Aussagen wäre doch angesichts so mancher langatmiger Sermone in unseren Vorlesungsveranstaltungen ganz heilsam.«

»Ich bin so altmodisch zu glauben, dass ein wissenschaftliches Studium auch in Zukunft ohne das konzentrierte Durcharbeiten längerer zusammenhängender Texte nicht möglich ist. Und wahrscheinlich wäre es auch gut, wenn die Studierenden die zusammenhängende Studienanleitung als Orientierungsplan in ausgedruckter Form »objektiviert« vor sich hätten. Der sollte vielleicht auch als »Fahrplan« jederzeit zur Hand sein, damit man sich nicht in der Internet-Vielfalt verirrt.«

»Auch längere Texte und ein Orientierungsplan könnten schneller und flexibler als e-mail-Anhang verschickt und dann auch jederzeit auf neuestem Stand gehalten werden. Was mich im Blick auf neue elektronische Studienmöglichkeiten generell so fasziniert, ist die Aussicht, das Studium offener, flexibler, kommunikativer und selbstbestimmter absolvieren zu können – statt sich in langweilige Vorlesungsveranstaltungen drängen und endlose Monologe der Dozenten anhören zu müssen.

Das könnte vielleicht die große Befreiung vom derzeitigen verschulten Paukbetrieb bringen.«

»Es gibt aber für die Universität noch das nach wie vor wichtige Prinzip der Einheit von Forschung und Lehre. Und das meint, dass ein Forscher seine Studenten in seine Forschungsarbeit einbezieht, sie darüber in Vorlesungen, Seminaren und Übungen informiert und darüber mit ihnen auch unmittelbar diskutiert.

Das ist eine andere persönlichere und direktere Kommunikation als die über Medien vermittelte sekundäre Information.

Das heißt: Die persönliche Begegnung und Auseinandersetzung auf Augenhöhe mit einem forschenden Dozenten ist nicht einfach durch anonymere Internetkontakte ersetzbar.

Und auch das direkte persönlich-körperliche Zusammenarbeiten mit Kommilitonen hat doch eine andere Qualität
als die Kommunikation über YouTube etc.

Ich denke deshalb, der Gedanke an eine reine Internet-
Universität ist genauso irreführend wie es zu unserer Zeit
das Konzept einer Fernseh-Universität war.

Ein »Studium im Medienverbund« sollte persönliche Medien
nicht ausschließen.«

»Aber wir können doch auch nicht so tun, als gäbe es die modernen elektronischen Informations- und Kommunikationsmöglichkeiten nicht und wir müssten uns weiterhin in über-
füllte Hörsäle und Bibliotheken drängen und uns in den doch
auch weitgehend unpersönlichen Massen-Dozier-Anstalten
zum Pauk- und Memorier-Training zwingen lassen.«

»Ich kann mir gut vorstellen, dass man die neuen elektronischen Informations- und Kommunikationsmöglichkeiten
stärker in den Hochschul-Lehrbetrieb einbezieht. Aber
ich denke dabei mehr an ein offenes Mischsystem sowohl
von unmittelbarer wie von elektronischer Vermittlung und
Kommunikation – so dass zum Beispiel die unpersönlichen
Massenveranstaltungen an der Hochschule weitgehend
durch den Einsatz neuer Medien ersetzt werden und dass
dadurch eine stärkere Konzentration der Präsenzveranstaltungen auf persönliche Begegnung und Auseinandersetzung
in kleineren Gruppen ermöglicht wird.

Du willst doch auch nicht die Präsenz-Universitäten abschaf-
fen, sondern sie öffnen und reformieren.«

»Aber ich denke auch an die utopischen Träume der Studenten, von denen du erzählt hast: Die Vision von freien,

orts-, zeit- und professoren-unabhängigeren Studienmöglichkeiten für jedermann, ohne Zulassungsvoraussetzungen und soziale Barrieren, die Idee einer Universität ohne Mauern, zu der jeder Interessent zu jeder Zeit im Lebenslauf Zugang hat.

Wäre das nicht etwas, was mit Hilfe der neuen Technik möglich wird? Sie kann mühelose Kontakte über beliebige Entfernungen herstellen und sie ist damit das klassische Medium für ein wirkliches Fernstudium.

Ich sehe zugleich, dass wir über das Internet Freunde und Unterstützer für die Verwirklichung einer solchen Studienreform sammeln können.«

»Ihr solltet euch aber nicht nur auf die Erneuerung der Vermittlungsformen beschränken und die Chance verpassen für eine kritische Besinnung und Konzentration auf die wesentlichen Inhalte und den Sinn eines modernen Studiums.

Es ist nicht alles wichtig und sinnvoll, was in den Lehrveranstaltungen einer Universität - geschweige denn was im Internet – vermittelt wird.

Vor diesem schwierigen Kernproblem der Inhaltskonzentration auf das Wesentliche drücken wir uns bei der gesamten Bildungsreform immer wieder und wir stürzen uns auf die einfacher erscheinende Reform der Vermittlungsformen.

Einen entscheidenden Ansatzpunkt für eine nötige Hochschulreform sehe ich deshalb nach wie vor bei der Bildung von Fachreform-Gremien, die jeweils die wesentlichen Kompetenzen neu herausarbeiten, die in einem Studiengang vermittelt werden müssen, um den Absolventen ein grundlegendes Verstehen in ihrer Arbeits- und Lebenswelt zu ermöglichen. Dabei gehört zu diesen Kompetenzen in der modernen Welt selbstverständlich auch das jeweils nötige Wissen bzw. die Fähigkeit, sich dieses Wissen jederzeit selbst zu erschließen.«

»Aber irgendwie schrecke ich doch etwas zurück vor diesen Fachkommissionen, die festlegen sollen, welche fachlichen Kompetenzen wichtig sind – und welche nicht. Heißt das denn nicht, dass dann alles andere, die ganze reiche Vielfalt auch der sogenannten Orchideen-Angebote, abgeschnitten wird?«

»Nein, überhaupt nicht. Es sollte nur herausgearbeitet werden, was sinnvoll und hilfreich erscheint für die entsprechende fachliche Qualifizierung. Und nur dieses »Pflichtpensum« soll dann auch entscheidender Gegenstand der Prüfungen sein.

Vielleicht kann ich dir an einem Beispiel aus dem Medizin-Studium verdeutlichen, um was es bei dieser inhaltlichen Konzentration und Integration geht:

An Stelle der üblichen Einführungen in die Grundlagenfächer (Chemie, Biologie, Physiologie etc.) werden fachübergreifende Themen wie »Atmung«, »Herz und Kreislauf« usw. jeweils von den verschiedenen Fachvertretern behandelt. Zum Thema Herz und Kreislauf erklärt z.B. der Physiker die Strömungsgesetze im Gefäßsystem, der Biochemiker erläutert den Sauerstofftransport, der Physiologe vermittelt einen Einblick in den Rhythmus der elektrischen Erregung im Herzen usw.

Das heißt: Es werden nicht verschiedene Fächer, sondern verschiedene Zugangswege zum ganzheitlichen Verstehen zentraler medizinischer Problembereiche vermittelt. Dahinter steht die Einsicht, dass die Fächer nicht verschiedene objektive Welten, sondern verschiedenen Aspekte und

Denkweisen zur Erklärung von zentralen Naturphäno-
menen sind.

Wenn das mit der Konzentration auf einen wesentlichen
Verständnis-Kern verbunden wird, können die Studierenden
auch mehr Freiheits-Spielraum gewinnen, um auch einmal
in anderen Bereichen Veranstaltungen zu besuchen, die sie
interessieren.

Also: Konzentration in einem Pflicht- und Prüfungsbereich
auf zentrale Wirkungszusammenhänge zum Abbau über-
zogener Paukerei und damit mehr Freiheit zum Verfolgen
weiter reichender persönlicher Erkenntnisinteressen.«

»Das leuchtet mir grundsätzlich ein. Aber dieses Auswahlge-
schäft wird vermutlich zu endlosen Debatten führen, weil es
da doch auch um heilige Überzeugungen und Steckenpferde
der Professoren verschiedener Schulrichtungen kommen
wird.

Und wie soll dann das, was eine weise Kommission erarbeitet hat, von den verschiedenen Lehrkräften an den verschiedenen Hochschulen akzeptiert und bei ihren Prüfungen
entsprechend berücksichtigt werden? Wir kennen doch die
Autonomie-Ansprüche und die Eitelkeit der Professoren.«

»Wem sagst du das! Aber nach meinen Erfahrungen sehe
ich vor allem zwei Ansatzpunkte zur Lösung dieser Probleme:

Einmal müssen wir zu demokratischen Entscheidungsver-
fahren in örtlichen und überregionalen Reformgremien
kommen. Das heißt: Mehrheitsentscheidungen müssen
akzeptiert werden. Das hat auch bei unserem Projekt in
den frühen 70er Jahren institutionen-übergreifend funktioniert.«

»Aber wurde diese Einigkeit und Gemeinsamkeit der Hochschulen damals nicht durch die gemeinsame Gegnerschaft gegen staatliche Gängelungsversuche entscheidend motiviert?«

»Das war nicht das entscheidende Motiv. Und ihr werdet, wenn ihr eine Studienreform versucht, wohl auch keinen Mangel an gemeinsamen Gegnern haben.«

»Aber auch nach Überwindung dieser inhaltlichen Einigungsprobleme stehen wir dann vor dem Problem, wie die gemeinsamen Selbststudienteile jeweils mit den verschiedenen Präsenzstudienprofilen an den im einzelnen ganz verschiedenen Hochschulen kombiniert werden können.«

»Ich denke, da kann ein Bausteinsystem hilfreich sein.
Und das wäre auch mein zweiter Lösungsvorschlag:
Die Aufgliederung des Hochschulstudiums in solche Bausteine bzw. »Montageteile« scheint seit langem ein internationaler Entwicklungstrend im Hochschulbereich zu sein.
Danach wird das Gesamtstudium nach einzelnen Themengebieten beziehungsweise inhaltlichen Komplexen aufgegliedert und solche thematischen Bausteine können dann wahlweise – unter Umständen auch inhaltlich in variabler Folge - entweder als Fernstudieneinheiten oder im Präsenzstudium studiert werden.
Dabei bietet sich auch die Möglichkeit, vor allem diejenigen thematischen Einheiten für ein durch technische Medien angeleitetes Selbststudium auszuwählen, die sich jeweils am besten objektivieren und durch entsprechende Medien aus der Ferne vermitteln lassen – und über deren Relevanz

sich ein möglichst weitgehender interuniversitärer Konsens erzielen lässt.
Das war jedenfalls bei uns damals ein ziemlich erfolgreiches Konzept.«

»Dann waren wohl die Fernstudien-Bausteine auch die Eisbrecher, die jeweils die Reformelemente - sowohl inhaltlich wie vermittlungsmethodisch – in die festgefrorenen Hochschulen hineingebracht haben?«

»Ja. Und wichtig wird in diesem Zusammenhang auch die durch das Bausteinsystem bewirkte Reform der Prüfungen. Denn nach dem Abschluss der Beschäftigung mit einer solchen thematischen Einheit folgt dann auch eine darauf bezogene Teilprüfung. Und die gilt dann genauso als Abschluss einer Fernstudieneinheit.
Das heißt: Die Konzentration auf eine alles entscheidende Abschlussprüfung am Ende des Studiums wird abgelöst durch ein kumulatives System von verschiedenen Teilprüfungen, bei dem sich die jeweils erzielten Punkte aus Präsenz- wie aus Fernstudienteilen zu einer Gesamtpunktezahl aufsummieren, die dann für die Abschlussnote entscheidend ist.«

»Diese Folge von Teilprüfungen haben wir bis heute und die verursacht ja gerade den permanenten Prüfungsstress, unter dem wir akut leiden.«

»Das ist aber ein international bewährtes kumulatives Prüfungssystem, das die Abhängigkeit des Studienerfolgs von einem großen Abschlussexamen ablösen und den massierten Stress, der damit verbunden war, mildern sollte.

Dass das bei euch zu einem solchen Stress führt, das liegt an der fehlenden Konzentration der Prüfungen auf wesentliche Kernbereiche des Studiums und da sind wir wieder bei der zentralen Frage der Curriculum-Konzentration.

Es darf nicht zu viele kleine Bausteine und entsprechende Tests geben, sondern größere Themenblöcke, die ein zusammenhängendes Studieren ermöglichen und in der Regel nicht zu mehr als ein bis zwei Prüfungen im Semester führen.«

»Was für mich noch schleierhaft ist bei der Entwicklung eines neuen »Studiums im Medienverbund« ist die Aufteilung der Vermittlung der verschiedenen Studieninhalte auf geeignete Medien.

Bei euch war das noch vergleichsweise einfach, denn für euch war offenbar das gedruckte Fernstudienmaterial das Hauptmedium und die wichtigste Ergänzung war wohl das Zusammenkommen der Studierenden zur Beratung und Diskussion. Heute aber gibt es eine Vielzahl von technischen Vermittlungs- und Kommunikationsmedien und es scheint mir schwierig, herauszufinden, welche Inhalte sich in einem breiteren Medienverbund am besten durch welche Medien vermitteln lassen.«

»Dahinter steht die interessante und spannende Grundsatzfrage, wie die Erfindung neuer technischer Medien jeweils die menschliche Kommunikation verändern kann und soll. Das Problem stellte sich ja schon bei der Erfindung der Buchdruckerkunst.

Sie hat dazu geführt, dass die Wissensvermittlung zunehmend durch gedruckte Texte erfolgte.

Heute haben wir eine Vielzahl von neuen Medien, die Informationen und Wissen vermitteln. Und gerade die modernen elektronischen Medien, die orts-, zeit- und institutionsunabhängig Informationen und Kommunikations-Möglichkeiten vermitteln, stellen uns vor die Frage, wie wir welche dieser Medien jeweils sinnvoll in den Lehr- und Studierbetrieb der Universität einbeziehen können und sollen.

Dazu gibt es zwar einige, aber noch zu wenige Erfahrungen und Erkenntnisse.«

»Aber wie sollen wir denn dann praktisch dazu kommen, dass wir mehr mit modernen Medien studieren können?«

»Es gibt doch heute so viele Medieninstitute, gerade auch an den Hochschulen.
Für die wäre es m.E. eine wichtige Forschungs- und Erprobungsaufgabe, verschiedene elektronische Vermittlungs- und Kommunikationsmöglichkeiten für ein modernes Studium im Medienverbund zu konzipieren und zu testen.
Das wäre ein wichtiges Forschungsfeld, für das es sicher auch Forschungsmittel vom Bund oder von einer Stiftung gibt.«

»So könnte man vielleicht doch noch den Faden wieder aufnehmen, den ihr damals gesponnen habt.«

»Aber ich möchte doch auch vor zu viel Internet- und Medieneuphorie warnen:
Menschliche Bildung braucht auch Originalerfahrungen und ihre persönliche Verarbeitung. Wenn sie nur auf berichteten, aus zweiter Hand geschilderten Sekundärerfahrungen beruht, ist sie in Gefahr oberflächlich zu werden.
Beim ewigen Quatschen und Diskutieren über etwas, werden wir nicht so zum eigenen Nachdenken, Weiterdenken

und Handeln herausgefordert wie bei unmittelbaren praktischen Erfahrungen in der eigenen Lebenswelt.

Deshalb stelle ich mir z.B. für dein Literaturstudium vor, dass dazu z.B. Dramen im Original gelesen, in Theateraufführungen oder Verfilmungen erlebt und auch einmal selbst nachgespielt werden.«

»Ich stelle dagegen fest, dass wir uns heute bei den in Vorlesung oder Seminar besprochenen Werken aus Zeitnot häufig sogar damit begnügen, Inhalts-Zusammenfassungen und Interpretationshilfen zu lesen, statt uns in die Originaltexte zu vertiefen.«

»Deshalb gehört meines Erachtens zu einem universitären Medienverbund auch die Einbeziehung des Theaters, der Filmproduktion und der Autorenlesung.

So wie zum Studium der Betriebswirtschaft die praktischen Erfahrung in Betrieben, zum Politikstudium das Miterleben von parlamentarischen Entscheidungsprozessen und zum Anglistikstudium das Auslandssemester in England gehört.«

»Aber es würde ja wohl zum Teil auch schon genügen, wenn in den Medien selbst die Information und Diskussion über praktische Geschehnisse auf Grund von deren virtueller Präsentation erfolgen könnte.«

»Aber gerade gegen das von dir beklagte Pauken von bezuglosem Wissen wäre doch auch das persönliche Recherchieren und forschende Erarbeiten eigener Erkenntnisse in einem entsprechenden praktischen Erfahrungsfeld ein wirksames Gegen-Rezept.«

»Das heißt, wir müssten als Studenten mehr Praktika in Betrieben, Theatern, Filmstudios, Verlagen, Rundfunkanstalten, Gemeindeverwaltungen, Bürgerinitiativen usw. machen?«

»Es geht nicht nur um Praktika, sondern auch um Projekt-Studien, das heißt um die Auswertung von Praxiserfahrungen im Zusammenhang mit Forschung und Erkenntnissuche. Insofern müsste sich die Universität mehr auf die außeruniversitäre Lebens-, Arbeits- und Erfahrungswelt als unmittelbares, aber auch durch Medien vermitteltes Lern- und Forschungsfeld beziehen.

Dazu muss sich natürlich auch diese Erfahrungswelt, in der sich das Leben, Arbeiten, Entscheiden der Menschen täglich ereignet, selbst öffnen für die Lernanlässe, Lernmöglichkeiten und Forschungsherausforderungen, die in ihr stecken.«

»Aber die könnten doch auch im Internet präsentiert werden. Das wäre jedenfalls gegenüber der Vermittlung nur durch Buchstaben und gedruckte Texte auch schon eine ganzheitlichere bildhafte und akustische Aufnahme von Realitäten.«

»Ich sehe auch die Erfahrungserweiterung durch virtuelle Präsentationen von Bereichen, die real nicht zugänglich sind. Das kann zu einer Horizonterweiterung führen. Aber diese virtuellen Erweiterungen der Lernmöglichkeiten sollten meines Erachtens nicht die unmittelbaren Erfahrungen gemeinsamen Lernens z.B. in »lernenden Kommunen«, »lernenden Betrieben« und »lernenden Regionen« ersetzen.

Vielleicht müsste man dazu auch vor Ort mit den überall existierenden Volkshochschulen zusammen arbeiten.«

»Du bist also trotz der neuen elektronischen Informations- und Kommunikationsmöglichkeiten für ein Mischsystem, bei dem die direkte Kommunikation und die praktische Zusammenarbeit vor Ort neben dem Fernstudium wichtig bleiben?«

»Ja, Und ich kann mir auch nicht ein geisteswissenschaftliches Studium im Medienverbund vorstellen, bei dem man nicht nach wie vor wichtige Bücher und Texte im Original konzentriert durcharbeiten muss.

Deshalb mein Rat: Beginnt bei dem Studium im Medienverbund damit, einzelne Studienteile, die sich dafür besonders eignen, durch elektronische Medien zu vermitteln und sie im Netz diskutieren zu lassen. Und sucht diese dann in einen ausgewogenen Verbund mit Präsenz- und Praxisstudien einzufügen.«

»Im Entwickeln konzeptioneller Perspektiven sind wir nicht schlecht. Ich sehe nur zu wenig Interesse und Engagement für die praktische Verwirklichung.«

»Aber ohne konzeptionelle Perspektiven bleiben Bildungsreformen ein oberflächliches Herumbasteln an äußeren Organisationsformen.

Perspektiven müssen die große Richtung aufzeigen. Auf dem mühsamen aber zielorientierten Weg sind dann viele kleine Schritte nötig – und viel Zähigkeit und Geduld.«

»Aber wenn ich an deine Erfahrungen mit eurem Hochschulreformprojekt vor 40 Jahren denke, dann sehe ich doch, dass die damaligen politischen Zuständigkeits-Querelen heute eher noch schlimmer geworden sind!«

»Aber ist es nicht hilfreich, diese früheren Reform-Erfahrungen im Erststudienbereich zu studieren und auszuwerten, damit man bei neuen Reformansätzen problembewusster ans Werk gehen kann?«

»Du bist beim historischen Rückblick gar nicht entmutigt und erbittert?«

»Ich denke, wir sollten uns wieder mehr an die Erfolge der damaligen Bemühungen um das Fernstudium im Medienverbund erinnern, wie sie besonders im Bereich der wissenschaftlichen Weiterbildung erzielt wurden.

Wir konnten doch praktisch demonstrieren, dass eine wissenschaftliche Weiterbildung als »Fernstudium im Medienverbund« möglich ist.

Es konnten Fernstudienmaterialien zu rund 700 zentralen Themen aus den verschiedensten Wissenschaftsbereichen entwickelt und erprobt werden:

- Aus dem Gesamtgebiet Erziehungswissenschaft (mit Sonderthemen Medieneinsatz, Erziehungsberatung, Problemschüler, Ausländer-Integration, Didaktik und Methodik des Fremdsprachenunterrichts, Anglistik und Literaturunterricht),
- aus dem Gesamtgebiet der Psychologie und Pädagogischen Psychologie,
- aus dem Gesamtgebiet der Mathematik (mit Sonderthemen Grundkurs, Fachdidaktik, Integralrechnung und Mathematik für Naturwissenschaftler),
- in den Naturwissenschaften zum Gesamtgebiet der Biologie und zur Ökologie, Kinetik, Energetik, Thermodynamik, Quantenphysik und zur Geologie,
- in den Sozialwissenschaften zur Arbeitslehre, Sozial-

kunde, Volkswirtschaftslehre, Sozialgeschichte, Deutschen Geschichte und Geschichte des Nationalsozialismus sowie

- zur Praktischen Philosophie und zur Musik.

Insgesamt haben mehr als 500 000 Interessenten (davon mehr als 100 000 Lehrer aller Schularten) diese Fernstudienmaterialien für ihre Weiterbildung genutzt.

Die von rund 100 Tageszeitungen in der ganzen Bundesrepublik verbreiteten Studientexte für ein breiteres Publikum sind dabei nicht mit gerechnet.

Dass ein Institut, das diese Entwicklungsarbeit geleistet hat, im Rahmen einer bürokratischen Beschränkung der gemeinsamen Bund-Länder-Förderung auf Forschungsinstitute nicht mehr weiter finanziert werden konnte, kann meines Erachtens diese Leistungsbilanz nicht schmälern.«

»Für mich zeigt das auch eine hochschulpolitische Gewichtung, bei der bis heute die Lehre gegenüber der Forschung völlig unterbewertet wird – und die es einem Universitätsinstitut nicht erlaubt, an die Grenzen eines etablierten Wissenschaftsdünkels zu rühren.«

»Schön wäre es aber, wenn von der Erinnerung an die damalige Entwicklungsarbeit zur Verbesserung der Lehre eine Signalwirkung ausgehen könnte für die Schaffung offenerer Studien- und Weiterbildungsmöglichkeiten in einem neuen zeitgemäßen Medienverbund.«

Pädagogisches Begleitstudium

»Herzlichen Glückwunsch zur Geburt eines gesunden Sohnes!
Wie kommst du denn jetzt zurecht mit Baby und Studium?«

»Ich hatte mir das Ganze noch einmal überlegt und für ein Semester doch Baby-Urlaub genommen statt vielleicht beides nur halb zu machen.
Und in der Zeit, in der ich jetzt zu Hause bin, dachte ich mir, eine Hausarbeit zu schreiben. Ich habe mich erkundigt: die kann dann sogar für die Studienanerkennung angerechnet werden – und sie kann seit Neuestem für Lehramtsstudenten auch im Rahmen der Ersten Dienstprüfung über ein pädagogisches Thema gemacht werden.«

»Und deshalb kommst du jetzt zu mir, damit ich dir dabei helfe?
Was ist denn dein Thema?«

»Der zuständige Dozent ist damit einverstanden, dass ich etwas zum Thema »Bildungsreform« schreibe.«

»Das interessiert dich also jetzt mehr als die Hochschulreform?«

»Für mein eigenes Studium kommen Hochschulreform-Überlegungen ohnehin zu spät. Und die Schilderung eurer Schwierigkeiten mit einem doch damals gut begründeten Hochschulreform-Projekt – trotz günstiger Ausgangsbedingungen – hat mich doch ziemlich ernüchtert. Es ist offenbar bei uns besonders schwierig, eine Universitätsreform auf den Weg zu bringen.

Im Blick auf mein Baby scheint es mir auch wichtiger, mir jetzt persönlich vor allem Gedanken über eine bessere Kindergarten- und Schulbildung zu machen.

Ich würde gerne so etwas wie eine anthropologisch fundierte und lernpsychologisch begründete Reform der Bildungsarbeit mit Kindern und Jugendlichen konzipieren. Das betrifft meine derzeitige familiäre und demnächst auch meine berufliche Tätigkeit.

Man muss sich aber bei wissenschaftlichen Hausarbeiten immer auch auf klassische Vorgänger und ihre Erkenntnisse berufen, die man sozusagen aufnimmt und weiter führt.

Auf welche pädagogischen Klassiker könnte ich mich da denn am besten stützen?«

»Das ist ein weites Feld. Für die Kindergarten-Erziehung kannst du dich ja auf Maria Montessori, über die wir schon gesprochen haben, stützen und dann vielleicht noch Fröbel dazu nehmen.

Für deine Schulreform-Überlegungen fallen mir als anregende Klassiker vor allem Comenius, Schleiermacher, Kerschensteiner und Wagenschein ein.

Du wirst dabei aber wohl auch nicht um einen Bezug zur modernen Hirnforschung herumkommen.«

»Bleiben wir aber erst einmal bei den Schulpädagogen. Bei den Namen, die du genannt hast, ist mir einer völlig unbekannt: Wagenschein. Warum hältst du den für so wichtig?«

»Martin Wagenschein war einmal als Gymnasiallehrer für Physik, Mathematik und Biologie tätig und hat seine praktischen Erfahrungen theoretisch verarbeitet. Er ist dann durch seine Veröffentlichungen zu einer notwendigen Reform des naturwissenschaftlichen Unterrichts am Gymnasium bekannt geworden.

Was mich besonders beeindruckt hat, sind seine Gedanken zu einem »ursprünglichen« elementaren Verstehen naturwissenschaftlicher Zusammenhänge – an Stelle einer Vermittlung fertigen physikalischen und biologischen Wissens.«

»Ist dieses ursprüngliche Verstehen so etwas wie das ganzheitliche Lernen des Kindes, wie es Montessori als den anderen Pol des menschlichen Lernens bezeichnet hat?«

»Das ist eine interessante Parallele. Wagenschein beobachtet fasziniert, wie ein magisch-animistisches Verstehen der Kinder langsam ins Innere zurückgenommen, aber doch als Fundament erhalten bleibt und wie sich aus diesem ganzheitlicheren vorwissenschaftlichen Welterleben ein engeres naturwissenschaftliches Verstehen entwickelt.«

»Kannst du dich da an ein methodisches Beispiel erinnern?«

»Er stellte z.B. die Frage: Warum fällt ein Stein?

Dann lässt er die Schüler dazu Begründungen und Vermutungen entwickeln, z.B. die Vermutung: Die Dinge fallen alle zum Mittelpunkt der Erde, weil da offenbar ein anziehendes Kraftfeld wirkt.

Dagegen berichtet er dann von Pendelversuchen, die zu neuem Nachdenken zwingen:

Ein Pendel schwingt sowohl im tibetanischen Hochland wie tief unten in einem Bergwerksschacht langsamer als bei uns auf der Erdoberfläche. Das führt die Schüler zu der Vermutung, dass die Anziehungskraft vielleicht in der Erdoberfläche steckt.

Dagegen verweist er dann als neuen Denkanstoß darauf, dass ein ruhig hängendes Pendel in der Nähe eines steil ansteigenden Berges leicht schräg zu dem Berg hin hängt. So kommen die Schüler durch selbst denkendes Auswerten von Erfahrungsberichten zu dem Schluss, dass die Anziehungskraft von der Masse abhängt, die einen Gegenstand anzieht.

Genauso erarbeitet er ein elementares Verstehen des Auftriebs im Wasser: Warum versinkt ein Stein im Wasser und warum versinkt ein viel schwereres Schiff nicht im Wasser? Und warum sinkt es, wenn es voll Wasser läuft?

Das führt z.B. bei den Schülern zu der Einsicht, dass das mit der Schwere des Wassers zusammen hängt, dass der Schweredruck des Wassers in der Tiefe zunimmt und dass ein Gegenstand so viel an Gewicht verliert wie die Flüssigkeitsmenge wiegt, die er verdrängt.

Das heißt: Wagenschein plädiert dafür, dass sich der naturwissenschaftliche Unterricht am Gymnasium auf die Erarbeitung solcher ursprünglicher grundlegender Einsichten konzentriert und dafür bei der Vermittlung von Einzelwissen mehr Mut zur Lücke zeigt.«

»Hast du noch mehr solche Beispiele?«

»Ich erinnere mich, wie er die Wirksamkeit einer Linse erarbeiten lässt aus der Ablenkung eines Lichtstrahls an der Grenze zwischen zwei Stoffen und der Feststellung, dass die

Stärke der Ablenkung von der Dichte der Gegenstände und der Schräge ihres Auftreffens abhängt.«

»Und was ist die pädagogische oder didaktische Theorie, die er aus solchen Erkundungsbeispielen ableitet?«

»Es ist die Theorie von einem »ursprünglichen Verstehen« als Grundlage eines wirksamen bildenden Unterrichts: Die Schüler müssen angeregt werden, die ursprünglichen grundlegenden Gedanken zu verschiedenen naturwissenschaftlichen Erkenntniszugängen (Gravitation, Mechanik, Magnetismus, Elektrostatik, Induktion usw.) selbst nachzuvollziehen – und nicht die überall nachschlagbaren Einzelkenntnisse zu pauken.

Die Schüler sollen auch verstehen, dass in den naturwissenschaftlichen Schulfächern nicht verschiedene »Stoffe« behandelt werden, sondern dass versucht wird, Naturerscheinungen jeweils unter verschiedenen (physikalischen, biologischen, chemischen) Aspekten verständlich zu machen.

Es ist für Wagenschein auch erkenntnistheoretisch wichtig, dass die Schüler eine Ahnung davon bekommen, wie Naturwissenschaft nicht ein Inventar der objektiven Welt präsentiert, sondern verschiedene Formen menschlichen Weltverstehens, verschiedene Betrachtungs- und Denkweisen anwendet, in denen nicht nur die Natur, sondern immer auch der Mensch und sein Geist drin steckt.

Deshalb ist dann das Bildungsziel nicht Wissensspeicherung und Wissensprüfung zur besseren Naturbeherrschung, sondern das Innewerden unterschiedlicher ursprünglicher grundlegender Erschließungswege zu einer nie ganz objektiv erkennbaren Natur, - die wir deshalb auch mit einer gewissen Ehrfurcht in ihrer immer noch geheimnisvollen Ganzheit und Eigenständigkeit akzeptieren und bewahren müssen.«

»Spielte dieser Gedanke der Fächer als Betrachtungsweisen nicht auch eine Rolle bei der Reform des Medizinstudiums, über das du berichtet hast?
Ich finde das faszinierend: Ursprüngliches Verstehen als eigenes Nachvollziehen der Grunderfahrungen und Erschließungsüberlegungen, die zu wichtigen naturwissenschaftlichen Verständniszusammenhängen führen. Vielleicht ist das ein didaktisches Prinzip, das sich auch in geisteswissenschaftlichen Fächern als Rückbezug auf Ausgangserfahrungen und Grundgedanken eines Autors übertragen lässt.
Und gut finde ich auch, dass die Natur als zu bewahrende Ganzheit gegen die zersetzende technische Ausnützung verteidigt wird.«

»Warum du mich auf Wagenschein hingewiesen hast, das leuchtet mir jetzt ein. Aber warum hast du Comenius als Anreger für eine akute Bildungsreform genannt? Der lebte und wirkte doch, so viel ich weiß, vor ein paar hundert Jahren in einer ganz anderen Lebens- und Bildungswelt?«

»Comenius hatte den 30-jährigen Krieg als Pfarrer, Schulleiter und schließlich als Bischof der verfolgten böhmischen Brüdergemeine voll miterlebt. Und er hat versucht, aus dieser Erfahrung von Krieg, Zerstörung, Vertreibung, Grausamkeit, Mord, Plünderung, Vergewaltigung und endlosem

Leid und Verzweiflung der Menschen und einer allgemeinen Verrohung der Sitten und des religiösen Glaubens pädagogische Konsequenzen zu ziehen.«

»Du denkst an die Parallele des letzten Weltkriegs und der Völkermorde?«

»Ja. Comenius war so etwas wie der erste große Friedenspädagoge.

Grob zusammengefasst sind es vor allem 3 pädagogische Ansätze , die ihn damals weltberühmt gemacht haben und die ihn meines Erachtens auch heute noch für uns wichtig erscheinen lassen:

Das Eine ist die Beziehung der Bildungsarbeit auf den Gesamtzusammenhang der Weltordnung, d.h. auf ein ganzheitliches, die Gegensätze übergreifendes Weltverständnis. Das richtete sich gegen die Verabsolutierung der Einzelaspekte und dogmatischen Teilwahrheiten und die hasserfüllten Feindseligkeiten, die sich daraus entwickelt haben.

Damit ist nicht eine Vollständigkeit des Wissens gemeint, sondern ein Überblick über die internationalen und überkonfessionellen Zusammenhänge des Ganzen und die Konsequenzen für das gemeinsame Schicksal der Menschheit.

Der zweite Anstoß ist die Ausrichtung der Bildungsarbeit auf die Einheit und Gleichheit der Menschen. Dabei sieht Comenius nicht nur die Gleichheit der Menschen vor Gott in ihrer Gottebenbildlichkeit und Sündhaftigkeit, sondern auch die gemeinsame Natur des Menschen.

Das Dritte ist die Überzeugung von der gemeinsamen Natur und Struktur des menschlichen Lernens, aus der er eine gemeinsame »natürliche« Methode erfolgreichen Lernens ableitet.«

»Das klingt in der Tat sehr modern – auch im Hinblick auf unsere Diskussion über das natürliche Lernen.«

»Es ist vor allem ein auch für uns noch interessanter Überlegungsansatz zur Überwindung religiöser Feindschaften und fanatischer politischer Parteilichkeit.
Comenius hat versucht, ein alles damals Wissbare und alle aktuellen Erscheinungen übergreifendes Deutungssystem zu entwickeln, in dem die Natur, der Geist und die Vernunft des Menschen und die biblische Erfahrung zusammen stimmen.
Eine auf dieses harmonische Gesamtverständnis der Welt zielende Bildungsarbeit soll die Verbesserung der Menschen und ihrer Lebenseinstellungen und ein vernünftiges friedliches Zusammenleben aller fördern.«

»Und was ist seine »natürliche« Methode des menschlichen Lernens?«

»Dazu entwickelt Comenius didaktisch ein natürliches Lernen über die Sinne, d.h. aus Anschauung, Erfahrung, Praxis, Beispiel, Vorbilder und Nachahmung – im Gegensatz zum verbreiteten Wissensstoff-Pauken ohne Sinn und Verstand.
Dieses Lernen geht auf der Grundlage vorhandener Interessen und Begabungen vom Einfachen zum Schwierigeren, vom Bekannten zum Neuen, so dass alle interessiert und freudig mittun, mitdenken, mitlernen können.
Weil dieses anschaulich über die Dinge und ihre Bilder zu Worten und Begriffen führende Lernen der Natur des Menschen und seines Geistes entspricht, gilt es auch für Jungen und Mädchen und für Menschen aller Rassen, Religionen und Nationen.

Und da sein Hauptlehrbuch ein Bilderbuch ist, erreicht er auch leichter Menschen aus verschiedenen Sprach- und Kulturwelten.

Comenius glaubt, dass die in jedem Menschen angelegten Fähigkeiten durch Anschauung, Erfahrung, Umgang, Handeln, Übung und durch entsprechende Erfahrungsauswertung entwickelt werden können – weil dies der Natur des menschlichen Lernens entspricht.«

»Und das in finstersten Zeiten von Krieg und Glaubenshass!«

»Es war aber auch schon die heraufkommende Zeit eines neuen geistigen Aufbruchs in Barock, Renaissance und Humanismus und eines neuen Selbstbewusstseins und optimistischen Wissenschaftsglaubens, der auf dem Glauben an die Natur und ihre Erkennbarkeit in Harmonie mit der göttlichen Schöpfungsordnung beruht.«

»Zur Zeitgemäßheit erinnere ich mich, dass auch Karl Jaspers im Blick auf die geistige Situation unserer Zeit vom Bezug auf das die Gegensätze »Übergreifende« gesprochen hat.«

»Auch Schleiermacher, den du noch genannt hast als möglichen klassischen Anreger für meine Bildungsreform-Überlegungen, ist mir ehrlich gesagt als Pädagoge kein Begriff.«

»Schleiermacher ist in seiner Zeit – der ausgehenden Goethezeit – vor allem berühmt geworden als Theologe, Prediger und Philosoph. Die Vorlesungen zur Pädagogik, die er dann als Professor an der Berliner Universität gehalten hat, haben zwar damals einen großen Zulauf gehabt, ihre Bedeutung für eine »ausgleichende Dialektik der Pädagogik« ist aber erst später voll erkannt worden.«

»Was ist mit »ausgleichender Dialektik« gemeint?«

»Schleiermacher versucht, die Ergebnisse der bisherigen Pädagogik zusammen zu fassen. Dazu nimmt er auf, was es bisher in pädagogischer Theorie und Praxis gegeben hat – z.B. bei Platon, Rousseau, Pestalozzi, Kant, der Aufklärung, der Romantik, und im Neuhumanismus.

In jeder pädagogischen Praxis sucht er eine praktisch gewordene Meinung oder Theorie und er versucht dann zwischen gegensätzlichen Denkansätzen zu vermitteln und eine höhere Synthese, ein übergreifendes pädagogisches System zu entwickeln.

Dazu analysiert er jeweils Recht, Grenzen und Widersprüche der einzelnen Positionen und sucht sie dialektisch zu begrenzen und versöhnen.

Im Grunde begründet er damit auch eine neue hermeneutische Pädagogik, die nicht von feststehenden Normen ausgeht, sondern vom Beobachten, Verstehen und Beurteilen der pädagogischen Wirklichkeit.

Allerdings kommt seine Bewertung letztlich doch aus seinem relativ liberalen religiösen Glauben an einen Sinn der göttlichen Schöpfungsordnung und an den menschlichen Geist als treibende Kraft der Entwicklung.«

»Hast du ein Beispiel für die Anwendung dieser dialektischen Versöhnungsmethode?«

»Schleiermacher greift z.B. das Spannungsverhältnis auf, das wir diskutiert haben, zwischen einer auf die Natur des Menschen und ein natürliches Lernen bezogenen Bildungsarbeit und einer mehr auf die Anforderungen der Gesellschaft ausgerichteten Erziehung.

Er sieht Erziehung einerseits als Prozess der gesellschaftlichen Reproduktion. Die entwickelt sich vor allem dadurch, dass die älteren jeweils die nachwachsenden Generationen beeinflussen.

Andererseits ist Erziehung für ihn aber auch die Förderung des Selbstdenkens und der Kreativität der Jugend.

Und das Verhältnis dieser Förderung von Anpassung oder Eigenständigkeit kann jeweils kritisch beobachtet und verstanden werden auf dem Hintergrund eines polaren Systems von

-Bewahrung und Fortschritt/Veränderung,
-Unterstützung und Gegenwirkung,
-Natur- und Kulturbezogenheit,
-Individualitäts- und Gemeinschaftsbezogenheit,
-Gefühl und Vernunft,
-Normativität und Freiheit,
-Gegenwarts- und Zukunftsbezogenheit.«

Er zeigt z.B., wie der Ausgleich zwischen den beiden Ausrichtungen Anpassung und Selbständigkeit jeweils vom Zustand des Individuums und der Gesellschaft abhängt: Je reformbedürftiger eine Gesellschaft ist, desto wichtiger wird die Bildung der jungen Generationen zur Selbständigkeit und zur kritischen Gegenwirkung gegen diese Gesellschaft.«

»Und was ist z.B. mit dem Spannungsverhältnis zwischen Gegenwarts- und Zukunftsbezogenheit gemeint?«

»Wir erziehen die Kinder für ein künftiges Leben in einer sich weiter entwickelnden Welt. Die Kinder leben aber in einer Gegenwart und wollen darin glücklich sein. Schleiermacher fragt dann nach der Berechtigung einer Aufopferung der Gegenwartserfüllung für die Vorbereitung auf künftige Aufgaben. Muss nicht jede Lebensphase auch als solche gefördert werden?

Er kommt zu der Lösung: Die Zukunftsbezogenheit muss zugleich auch befriedigend sein für das Leben in der Gegenwart.

Das heißt: Jede zukunftsbezogene pädagogische Einwirkung muss da ihre Grenze finden, wo sie die Befriedigung des Augenblicks stört bzw. verhindert.«

»Bedeutet das nicht auch eine Verteidigung des kindlichen Rechts auf zweckloses Spielen?«

»Ja. Das Spiel sieht Schleiermacher als augenblickliche Befriedigung ohne Rücksicht auf die Zukunft. Das Gegenteil wäre die Übung als primär auf die Zukunft bezogene Tätigkeit. Erstrebenswert ist für Schleiermacher, wenn beim Kind beides zusammen kommt: Augenblicksbefriedigung, die zugleich auf die Zukunft vorbereitet.«

»Und wie sieht Schleiermacher Macht und Grenzen der Erziehung?«

»Er stellt ziemlich realistisch fest, dass Unterricht und Belehrung meist keine große pädagogische Wirkung haben. Er teilt da nicht den Fortschrittsglauben der Aufklärung. Der Mensch in seiner personalen Individualität und die Kultur und Gesellschaft sind für ihn organisch gewachsene Gebilde, die sich nicht einfach rational planmäßig verändern lassen. Auch Gedanken können nicht durch Belehrung von außen eingepflanzt werden. Sie müssen aus der geistigen Selbsttätigkeit des Menschen entspringen und das kann von außen nur angeregt werden.«

»Ist das nicht eine ziemlich skeptische Einschätzung der Erziehungs-Möglichkeiten?«

»Erziehung ist für Schleiermacher kein normativer Fortschrittsprozess, sondern ein zu beobachtender, bewusst zu machender und anzuregender Entwicklungs- und Wechselwirkungsprozess. Hinter dieser Eingriffs-Skepsis steht auch ein Glaube an die Natur- und Menschenwürde, die eine Instrumentalisierung des Menschen für äußere Zwecke verbietet.«

»Hat Schleiermacher als Universitätslehrer auch etwas Wegweisendes zur Universität gesagt?«

»Er hat im Wesentlichen die Universitätskonzeption Wilhelm von Humboldts unterstützt: Die Universität soll der Wissenschaft dienen und die Einheit der Wissenschaft präsentieren. Und sie soll auch nach dem Prinzip der Einheit von Forschung und Lehre organisiert werden.
Mir sind aber noch einige Besonderheiten in Erinnerung:
1. Schleiermacher lehnt die Vorlesung ab, nicht aber den freien Kathedervortrag, der die Studenten engagiert in Forschungsfragen hineinzieht und sie in freier unmittelbarer Rede an aktueller Forschung teilhaben lässt. Der Dozent soll nicht erzählen, was er weiß, sondern die Studenten für Forschung aufschließen und begeistern.

2. Da jede Einzelerkenntnis etwas Wahres enthält, aber einseitig ist, kommt es beim Studium nicht auf das Pauken von Einzelwissen, sondern auf das Verstehen übergreifender Strukturen und Zusammenhänge und ganzheitlicher Ordnungen an.

Der Student muss die Grundrisse verschiedener Wissensgebiete und die Prinzipien wissenschaftlicher Erkenntnis verstehen lernen, damit er sich später auch selbst in verschiedene Wissensfelder einarbeiten kann.

3. Da Wissenschaft der Freiheit des Geistes bedarf, vertritt Schleiermacher sowohl die Freiheit der Lehre wie die Freiheit des Studierens ohne bürokratische Regularien und Statuten.

4. Die Prüfungen sollen weniger Wissen und mehr die Fähigkeit, selbst wissenschaftlich zu denken und zu arbeiten, prüfen.«

»Ich sehe jetzt langsam ein, dass man auch in der Pädagogik nicht immer wieder das Rad neu zu erfinden versuchen muss.

Besonders wichtig scheint mir der Versuch, durch eine dialektisch ausgleichende Erziehung der einseitigen Parteilichkeit und dem wütenden Fanatismus im gesellschaftlichen Meinungsstreit das Wasser abzugraben.«

»Wie kommst du denn inzwischen voran mit deiner pädagogischen Hausarbeit über die Bildungsreform?«

»Ich denke, ich habe die wichtigsten leitenden Ideen aus den pädagogischen Klassikern, die du mir erläutert hast, in der Einleitung zusammen gebaut.«

»Zum Beispiel?«

»Den Rückbezug
- auf die Natur des Menschen und auf ein natürliches Lernen,
- auf ein ursprüngliches elementares Verstehen der bewegenden Kräfte und der Grundstrukturen der Natur und Lebenswelt,
- auf den friedenspädagogischen Ansatz zu einer ganzheitlichen Erkenntnis und Erziehung
- und auf den dialektischen Ausgleich pädagogischer Spannungsverhältnisse.«

»Da fehlt vielleicht noch der Aspekt des praktischen Lernens, wie ihn z.B. Kerschensteiner mit seiner Arbeitsschule vertreten hat.«

»Ist da aber nicht vor allem die Berufsschule gemeint? Ich wollte mich mehr auf die Reform des Gymnasiums konzentrieren.«

»Kerschensteiner wird zwar oft als Schöpfer der deutschen Berufsschule bezeichnet, aber sein Anliegen geht doch darüber hinaus. Er will auch die allgemeinbildenden Schulen für praktische Tätigkeiten öffnen und generell so etwas wie Arbeitstüchtigkeit und Arbeitsethos im Dienste der Gemeinschaft vermitteln.

Für Kerschensteiner ist nicht das Buch, sondern die Arbeit im Dienste der Gemeinschaft der Träger der Kultur und der Kern der Erziehung. Deshalb wendet er sich gegen die Buchschule und erhofft sich von der Arbeitsschule eine wirksamere geistige und sittliche Bildung.«

»Ich weiß nicht: Ist diese Frontstellung Arbeitsschule kontra Buchschule nicht eine bedenkliche Vereinfachung? Ich »arbeite« doch auch mit Büchern.«

»Kerschensteiner denkt vor allem an die praktische Arbeit.

Dabei ging es ihm auch besonders um Gerechtigkeit für die mehr praktisch Begabten und um eine nicht nur theoretisch belehrende, sondern auf praktischer Erfahrung gründende staatsbürgerliche Erziehung.

Die wichtigste Arbeitsform ist dabei die Arbeitsgruppe von etwa 2-6 Schülern, die möglichst selbstgesteuert zusammenarbeiten beim sachlichen, gewissenhaften, pünktlichen, sorgfältigen Beobachten, Vergleichen, Probieren, Forschen, Konstruieren, Ordnen, Prüfen im Zusammenhang der Bearbeitung eines Projekts. Dazu stehen auch besondere Werkstätten, Laboratorien, Schulgärten, Schulküchen etc. zur Verfügung.

Neben den offiziellen Arbeitsgemeinschaften gibt es in Kerschensteiners Arbeitsschule auch freiwillige Arbeitsgruppen als Wandergruppen, Feuerwehrtrupps, sportliche, literarische, musikalische, naturkundliche oder Fotografie-Gruppen, die alle zu gemeinsamer praktischer Arbeit und Erfahrungsverarbeitung anregen.

Das übergreifende Ziel ist eine soziale, auf Gemeinnützigkeit ausgerichtete Arbeitsgesinnung und ein staatsbürgerliches Verantwortungsbewusstsein.«

»Und wie lässt sich das vereinbaren mit dem schulischen Prüfungs- und Auslesesystem?«

»Kerschensteiner will Wissen nur indirekt prüfen, soweit es für die Bewältigung einer Aufgabe wichtig ist. Also nicht Wissensprüfung, sondern Bewährungsprüfung.«

»Zum Beispiel?«

»Statt zu fragen: Was versteht man unter dem spezifischen Gewicht und wie bestimmt man es?, gibt man dem Schüler jeweils ein Stück Holz, Stein und Blei und lässt ihn praktisch deren spezifisches Gewicht bestimmen.«

»Also learning by doing?«

»Ja. Das ist das Prinzip, das er von John Dewey übernommen hat. Es bedeutet auch die Absage an die theoretische beleh-rende Vermittlung und Prüfung von möglichst viel Wissen.«

»Bedeutet dieses praktische Lernen nicht auch einen unge-heuren Aufwand z.B. bei der Einrichtung der nötigen Werk-stätten, Labors etc.?«

»Ja aber es geht auch ohne diesen Aufwand. Das zeigt Ker-schensteiner am Beispiel des Zeichenunterrichts.
Das Zeichnen dient der genauen Beobachtung und visuellen Erfassung der Welt.
Es soll einen Weg von genauer Sachanschauung zu geistiger Bewältigung der Welt bahnen.
Aber neben der erscheinungsgetreuen Wiedergabe eines beobachteten Gegenstandes und einem mehr technischen

Zeichnen sucht Kerschensteiner auch durch Dekoration und Ornament die künstlerische Ausdrucksfähigkeit der Schüler zu entwickeln.

Wichtig ist für ihn das praktische Tun und das Lernen aus den entsprechenden praktischen Erfahrungen und Übungen. Er geht auch davon aus, dass Lernen in praktischen Projekten bildungswirksamer ist als theoretische Belehrungen. Es entspricht auch im Gegensatz zum Stillsitzen im Klassenzimmer mehr dem kindlichen und jugendlichen Tätigkeitsbedürfnis.

Aber entscheidend ist für ihn, dass das Arbeiten in Projekten für die Schüler interessant ist. Nur wenn es gelingt, das Interesse des Schülers als Verbündeten zu gewinnen, ist eine wirksame Bildungsarbeit möglich.«

»Steckt denn bei Kerschensteiner dahinter auch eine pädagogische Theorie?«

»Durch konzentrierte hingebungsvolle Arbeit will Kerschensteiner so etwas wie eine »Versittlichung« sowohl der Person wie der Arbeitsgesellschaft befördern, d.h. er möchte eine Einstellung und Gesinnung fördern, die Arbeit auch als Dienstleistung für die Gemeinschaft begreift. Sittlich ist für ihn die Zähmung des Egoismus durch Ausrichtung auf Gemeinnützigkeit.

Das Wecken der sachlichen heterozentrischen Interessen durch gemeinnützige Arbeit setzt er dem egozentrischen konkurrenz- und auslesebezogenen Abhörunterricht entgegen. Er sieht da einen Weg von mehr Sachlichkeit zu mehr Sittlichkeit.«

»Für meine Bildungsreformüberlegungen würde es in diesem Sinne dann wohl vor allem darauf ankommen, interessante

gemeinsame praktische Arbeitsgemeinschafts-Projekte einzubeziehen.«

»Was ist eigentlich inzwischen aus deiner pädagogischen
Hausarbeit geworden?«

»Ich versuche, die Bildungsreform vor allem aus einem ge-
zielten Rückbezug des Lernens auf die »natürlichen« Kräfte,
Triebe und Bedürfnisse der Schüler zu begründen.«

»Zum Beispiel?«

»Zum Beispiel auf den Selbstbehauptungswillen, den Tätig-
keits- und Gestaltungsdrang, das Erkenntnisinteresse, das
Mitgefühl, den Bildungs- und Vervollkommnungstrieb, das
Gemeinschaftsbedürfnis.
Aber da komme ich dann zu dem Problem einer anthropo-
logischen Grundlegung der Pädagogik.
Du hast bei unserer Diskussion über Rousseau darauf hin-
gewiesen, dass die Forderung nach einem pädagogischen
Rückbezug auf die Natur des Menschen zugleich eine pä-
dagogische Wende zur anthropologischen Begründung des
Lernens angeregt hat. Und wir wollten darüber noch einmal
ausführlicher sprechen.
Mich hat die Idee einer anthropologischen Begründung der
Bildungsarbeit seitdem nicht mehr los gelassen.
Kannst du mich etwas über die Grundzüge und Probleme
einer pädagogischen Anthropologie aufklären?«

»Anthropologie ist die Lehre vom Menschen. Ihre zentrale Frage heißt: Was ist der Mensch?

Es geht dabei nicht um die Individualität und die Entwicklung oder das Bewusstwerden der personalen Besonderheit des einzelnen Menschen.

Unsere individuelle Identität entwickelt sich ja, wie wir gesehen haben, in der Auseinandersetzung mit vielfältigen äußeren Erfahrungen, das heißt dadurch, dass wir die äußeren Begegnungen und Anforderungen lernend verarbeiten und die Ergebnisse in unsere Vorstellungszusammenhänge und in unser Selbstbild integrieren.

Die Anthropologie dagegen fragt nach dem überindividuellen Wesen des Menschen, nach der gemeinsamen Natur der Menschen, nach dem Humanen an sich.

In der Pädagogik hat es immer wieder Versuche gegeben, die Bildungsarbeit auf eine solche Erkenntnis des Wesens des Menschen zu gründen. Das heißt: Das Leitbild vom Wesen des Menschen, von seiner Besonderheit unter den anderen Lebewesen soll die Bildungsarbeit bestimmen.

Die sogenannte Humanitätsbildung macht die Entwicklung dieses spezifisch Menschlichen zur wesentlichen Bildungsaufgabe.«

»Aber es gibt doch wohl kein gemeinsames Menschenbild. Die einen sehen den Menschen als ein Mängelwesen, das von sündhaften Trieben beherrscht wird und das man deshalb durch Zucht zu disziplinieren versuchen muss. Die anderen sehen ihn als Krone der Schöpfung, dessen Gottesebenbildlichkeit zur Entfaltung gebracht werden muss usw. Wie kann es bei so verschiedenen Menschenbildern eine gemeinsame anthropologische Grundlegung der Erziehung geben?«

»Man kann aber zu gemeinsamen Auffassungen von den Besonderheiten des Menschen kommen, die ihn von allen anderen Lebewesen unterscheiden.«

»Ist da die Herrscherstellung des Menschen nach dem biblischen Auftrag: »Macht euch die Erde untertan!« gemeint?«

»Gemeint sind z.B. die typische Lern- und Sprachfähigkeit des Menschen und die Tatsachen, dass der Mensch ein Gewissen und eine Vernunft hat und dass er eine eigene humane Kultur, Technik und Lebenswelt schaffen kann.
Das sind Besonderheiten, die gerade und nur für den Menschen typisch sind.«

»Heißt das dann, dass es der zentrale Bildungsauftrag ist, besonders die Eigenschaften, die den Menschen von den anderen Lebewesen unterscheiden, zu entwickeln und zu stärken?«

»Woraus soll man denn den besonderen Auftrag des Menschen in der Welt und den Sinn des Menschseins erschließen, wenn nicht aus den geistigen, sprachlichen, vernünftigen Anlagen, die uns aus den anderen Lebewesen heraus heben?«

»Ist nicht im Grund unsere lebenslange Lernfähigkeit das Besondere des Menschen?«

»Das führt aber zu der Frage, wieweit auch andere Lebewesen lernen können.
Ich denke, es ist mehr die besondere Art, wie wir Menschen lernen, z.B. vernunft- und gewissensbezogen, und wie wir

unser Verhalten bewusst auf bestimmte Werte beziehen, die unser friedliches Überleben in der Welt mit möglichst viel Lebensqualität ermöglichen.«

»Aber lässt sich unser Verhalten gleichsam organisch aus unserer besonderen menschlichen Natur entwickeln? Es sind doch immer auch besondere Erfahrungen, Begegnungen und Bildungseinflüsse von außen, die da entscheidend mitwirken.«

»Das ist unbestritten. Aber der Erfolg humanitärer Bildungseinwirkungen beruht doch wesentlich auf den besonderen Anlagen und Möglichkeiten, die uns als Menschen gegeben sind.«

»Was hilft mir der Rückbezug auf eine hervorragende Ansicht des Menschen, wenn wir doch – wie jeder Blick in unsere Geschichte zeigt – in der Praxis von ganz anderen inhumanen Trieben bestimmt werden?«

»Ich halte mich da an das Kant`sche Prinzip der »regulativen Maximen«. Das sind Richtungsziele, die zwar nie voll erreichbar sind, die aber doch unser Verhalten regulieren, in dem sie ihm eine Ausrichtung geben.
Schließlich ist diese Art des immer strebend sich Bemühens auch etwas typisch Menschliches.«

»Wird da nicht für eine bestimmte moralische Zielsetzung eine anthropologische Begründung gesucht?«

» Die besondere Ausrichtung auf die uns vom Tierreich abhebenden nur menschlichen Eigenschaften ist ein spezifischer Trend innerhalb der pädagogischen Anthropologie. An sich bezieht sich die Anthropologie auf den ganzen Menschen mit allen seinen Eigenschaften und Bedürfnissen.«

»Aber was heißt das in der Praxis pädagogischen Handelns und Entscheidens?«

»Die Bedeutung anthropologischer Maßstäbe zeigt sich in der Praxis besonders, wenn wir vor der Frage stehen: Was soll jeweils der Ausgangspunkt für eine pädagogische Planung und Handlung sein? Sollen wir mehr von den beruflichen und gesellschaftlichen Anforderungen ausgehen, für die die Menschen zu qualifizieren sind, oder setzen wir primär bei den menschlichen Anlagen, die wir ausbilden, und bei den Bedürfnissen der Menschen an, die wir befriedigen sollen? «

»Sind nicht beide Aspekte wichtig?«

»Ja. Der Rückbezug der Bildungsarbeit nur auf eine wie immer akzentuierte Natur des Menschen und seiner Bedürfnisse ist ebenso einseitig wie die völlige Ausrichtung auf das Fitmachen der Menschen für beruflich-wirtschaftlich-gesellschaftliche Anforderungen und Interessen.
Es ist aber doch ein wesentlicher Unterschied, wie ich die Prioritäten setze bei pädagogischen Entscheidungen.
Im Konfliktfall kann ich vor der Entscheidung stehen: Ist mir das, was z.B. Goethe als das Menschengemäße betont, wichtiger als die zum Teil entfremdenden Ansprüche der modernen Produktions- und Verwaltungstechnik?«

»Könnte man das nicht auch zuspitzen zu der Frage: Geht

es mehr um eine Ökonomisierung der Bildung oder um eine Humanisierung der Arbeitswelt?«

»Das Spannungsverhältnis ist aber doch differenzierter, besonders wenn wir uns auf die typisch menschlichen Bedürfnisse beziehen. Da gibt es doch offensichtlich ein menschliches Grundbedürfnis, sich in der Welt, in die man hinein gestellt ist, geistig und physisch zu behaupten, sich eine finanzielle Existenzsicherung für das eigene Leben, Arbeiten und Erleben und ein möglichst angenehmes soziales und kommunikatives Lebensumfeld zu schaffen.
Dieses Grundbedürfnis ist aber nur zu verwirklichen durch Verstehen der Umwelt und Entwickeln der Fähigkeiten, in dieser Umwelt zurechtzukommen.«

»Es gibt auch ein zentrales Bedürfnis des Menschen nach Anerkennung und auch dazu müsste man sich dann so bilden, dass man sich Anerkennung in seiner Welt verdienen kann.«

»Das heißt aber dann doch: Wir kommen auch von anthropologischen Ausgangspunkten zu der Notwendigkeit, uns in der gegebenen Welt durch Offenheit und Anpassung zu behaupten.
Eine Bildung, die sich nicht auch auf die Bewährung in den gegebenen Lebensverhältnissen ausrichtet, würde nicht das humane Grundbedürfnis nach Selbstbehauptung und Lebensqualität in der Welt befriedigen.«

»Das erinnert mich an die Schleiermachersche dialektische Vermittlung gegensätzlicher Positionen: Sich so auf die Entwicklung humaner Kompetenzen ausrichten, dass dabei die

Qualifizierung für die Selbstbehauptung in der modernen Welt nicht zu kurz kommt – oder umgekehrt.«

»Dieses Prioritäts-Abwägen führt schließlich zu der anthropologischen Frage nach dem Sinn des Menschenlebens.
Wenn es ein wesentlicher Sinn des Menschseins ist, sich und seine Lebenswelt so zu gestalten, dass ein gelingendes Leben mit angemessener Lebensqualität und sozialer Anerkennung möglich wird, dann führt der anthropologische Bildungsansatz zur Entwicklung der Kräfte und Kompetenzen, durch die ein solches selbstbestimmtes menschenwürdiges Leben in der Welt ermöglicht wird.«

»Dieser anthropologische Ansatz muss dann aber auch zur Ablehnung einer Ausbildung führen, die den Menschen von sich selbst entfremdet und wesentliche humane Bedürfnisse frustriert.«

»Ja. Aber es geht auch da um so etwas wie das Maß einer humanen Mitte.«

»So sehr mich dieser anthropologische Denkansatz fasziniert, wird da nicht der Mensch und seine angemessene Bildung zum Maß aller Dinge?
Kommen bei diesem homozentrischen Denkansatz nicht die Rücksicht auf die Natur, die Umwelt, die Klimaentwicklung, die existenziellen Lebensgrundlagen für die Menschheit zu kurz?«

»Auch da kommt es darauf an, den anthropologischen Ansatz weit genug zu fassen: Es ist ein zentrales immer dringlicher werdendes Anliegen des Menschen, für sich und seine

Kinder eine gesunde Umwelt und die lebensnotwendigen Ressourcen zu bewahren, eine Klimakatastrophe zu vermeiden und ein friedliches Zusammenleben zu sichern.

In diesem Zusammenhang werden bei der Entwicklung spezifisch menschlicher Kompetenzen die Bildung der Vernunft und des Gewissens immer wichtiger:

Der Vernunft als nur dem Menschen eigene Fähigkeit, die Auswirkungen des eigenen Tuns und Verhaltens auf die Mitmenschen und das Wohl des Ganzen zu bedenken, und des Gewissens, das zu entsprechendem ethischem und sozialem Handeln mahnt.«

»Aber gibt es nicht auch ein urmenschliches Bedürfnis nach Erleben und Genuss und danach, Gefühle einmal frei und unvernünftig auszuleben?«

»Auch dieses Loslassen ist ein menschliches Bedürfnis, das sein Recht fordert. Umso wichtiger ist es aber, im Rahmen einer ausgewogenen humanen Bildung gerade die Vernunft als das nur dem Menschen gegebene Organ für nachhaltiges Denken zu entwickeln und zu stärken.«

»Es gibt da also doch eine verschiedene Gewichtung menschlicher Bedürfnisse, bei der die ausschließlich dem Menschen eigenen Anliegen offenbar als die wesentlichsten angesehen und mit besonderem Nachdruck gestärkt werden sollen?«

»Das ist die Richtung der pädagogischen Anthropologie, die davon aus geht, dass das Besondere des Menschen, das ihn von allen anderen Lebewesen unterscheidet, ihn auch auf seinen besonderen Auftrag in der Welt und wohl auch auf den Sinn seines Menschseins hinweist.

Und bringt das nicht motivierende Perspektiven für jeden der im Bildungsbereich tätig ist?

Aber wie hast du denn in deiner Hausarbeit diesen anthropologischen Rückbezug auf die humanen Eigenheiten und Bedürfnisse praktisch umgesetzt?«

»Das Tätigkeits- und Gemeinschaftsbedürfnis führt z.B. zu mehr projektbezogenem Lernen in Arbeitsgemeinschaften. Die Beziehung auf das natürliche Erkenntnisinteresse führt zur Ablehnung der belehrenden Vermittlung von umfangreichem Einzelwissen, das keinen Bezug hat zu den Fragen und dem Erkennenwollen der Schüler und es führt auch zur Forderung nach mehr Konzentration auf das Wesentliche, Grundlegende, Strukturelle und nach mehr Überblickshilfen für das Einordnen eigener Lernergebnisse.

Eine organisatorische Konsequenz ist dann die Auflösung der großen Jahrgangsklassen in Tischgruppen von 5-6 Schülern, die für ihre Lernprojekte jeweils auch selbst ihnen hilfreich erscheinende Lehrer einbeziehen und auch einschlägig ausgewiesene Eltern einladen können,

Die Rücksicht auf den persönlichen Bildungs- und Vervollkommungstrieb führt zur gezielteren Beratungs-Anregung für die Entwicklung individueller Kompetenzen.

Und das Ganze hat natürlich auch entsprechende Konsequenzen für die Prüfungen. Das heißt weniger Ausrichtung auf Wissenstests und Zeugnisnoten und Ersatz theoretischer Wissensprüfungen durch praktische Bewährungsprüfungen.«

»Und wie wurde deine Arbeit von dem Seminarleiter aufgenommen?«

»Der ist gar nicht dazu gekommen, sie gründlicher zu lesen und er hat nach einem ersten Durchsehen gemeint, ich hätte da wohl ein konsequentes, aber doch wohl etwas einseitiges Reformkonzept entworfen.«

»Diese uninteressierte oberflächliche Reaktion begründet meines Erachtens auch für die Universität die Reformforderung nach einer individuelleren wissenschaftlichen Beratung und Betreuung der Studierenden.«

»Wie geht es denn inzwischen deinem kleinen Sohn?«

»Gesundheitlich geht es ihm gut. Ich weiß zur Zeit nur nicht, ab wann ich ihn zu einem systematischeren Erlernen verschiedener Handlungsfunktionen und ersten Lautäußerungen anregen oder wie lange ich ihn noch beliebig spielen lassen soll. Kannst du mir dazu nicht einen Tipp von irgendeinem Kinderpädagogen geben?«

»Deine Frage hat z.B. auch Fröbel schon ganz ähnlich gestellt und er lehnte jede frühkindliche unterrichtsartige Beeinflussung ab – mit Gründen, die uns m.E. auch heute noch zu denken geben können.«

»Kannst du seine Gründe mal kurz für mich zusammen fassen?«

»Du erinnerst dich vielleicht an das, was wir bei Montessori über das geheimnisvolle ganzheitliche Sprachenlernen des Kindes erfahren haben.

Wenn ich frage, was für Fröbels Auffassung vom kindlichen Lernen besonders wichtig und kennzeichnend ist, dann ist es wohl das liebevolle Sich-Einfühlen in dieses ganzheitliche Lernen des Kindes, das alles, was in seinen kleinen Gesichtskreis kommt, neugierig zu erkunden und zu unterscheiden sucht: wie es z.B. einen Gegenstand zu greifen und nach allen Seiten zu wenden oder ihn zu zerlegen versucht, um sein Inneres zu erkennen.

Dazu bietet Fröbel zunächst entsprechend einfache Gegenstände wie einen Stoffball, mit dem sich das Kind ergreifend, befühlend, umfassend »begreifend« vertraut macht. An einer Schnur befestigt, kann dann der Ball weg gezogen und wieder geholt werden und das führt zu Erfahrungen des Daseins und Verschwindens, des Festhaltens und Trennens, des Werfens und Fallen-lassens, des Habens, Nichthabens und Gehabt-habens. Und das Kind kann sich dabei auch selbst als handelnd, leidend und erkennend erfahren.

Diese ganzheitlichen Erfahrungsprozesse können durch einfache Worte oder auch kleine Verse der Mütter begleitet werden wie z.B.: Hin und Her, Hier und Dort, Hoch und Tief, Rechts und Links, Schnell und Langsam.«

»Dazu fällt mir ein, was ich in der Schilderung eines Besuchs bei Pestalozzi gelesen habe: Pestalozzi sieht einen kleinen hilflos herum stehenden Jungen, spricht ihn liebevoll an, setzt sich auf einen Stuhl am Fenster, nimmt den Kleinen auf seinen Schoß und macht den Fensterflügel langsam auf und zu und er spricht dazu auch jeweils »Auf« und »Zu«. Es gelingt Pestalozzi, den Jungen für diese Bewegung zu interessieren und schließlich macht der Kleine selbst den Fensterflügel auf und zu und spricht dazu auch die Worte »Auf« und »Zu« – und er sieht dabei Pestalozzi stolz und strahlend an.«

»Ja das ist die gleiche Methode. Fröbel hatte ja einige Zeit bei Pestalozzi gelebt.
In Fröbels Spiele- und Beschäftigungskasten sind dann auch Würfel, Stäbe, Walzen, Säulen, auch Bälle aus Holz und Metall, mit denen das Kind dann z.B. die verschiedenen Geräusche feststellen kann, die diese verschiedenen Bälle beim Rollen auf verschiedenen Böden machen.«

»Ich kann mir gut vorstellen, wie man so beim Kind Interesse und Lernbedürfnis und Freude am selbständigen Hantieren und Gestalten wecken und fördern kann.«

»Durch diesen spielerischen Erschließungs-Umgang macht das Kind, wie Fröbel sagt, geistige Ur-Erfahrungen, durch die es sich aus einem zunächst vielleicht verwirrend-betäubenden Chaos von Eindrücken allmählich eine erste Ordnung aufbaut. Es beginnt durch hantierenden Umgang mit den Dingen seiner Umgebung nicht nur deren Eigenschaften, sondern auch seine eigenen Wünsche, Kräfte, Möglichkeiten und Grenzen ahnend zu erfassen.
Dann können auch nachahmende Tätigkeiten allmählich zur tätigen Teilnahme an häuslichen Geschäften führen. Und das Kind gestaltet sich dann auch seine eigene Ecke und ordnet sein eigenes kleines Reich.
Als Mutter musst du dich in diesen ganzheitlichen Welterschließungsprozess deines Kindes einzufühlen versuchen, um ihn liebevoll anregend und vielleicht auch schützend zu begleiten.«

»Und wenn der süße Kleine trotzig schreit und strampelt?«

»Dann empfiehlt Fröbel z.B. das wilde Strampeln mit einem rhythmischen Strampellied zu begleiten, um das Strampeln in einen Takt zu bringen und damit zu zähmen.
Fröbel glaubt übrigens auch an eine besondere Begabung der Frau in ihrer Mütterlichkeit für diese liebevoll-einfühlende Hilfe zur Welterschließung ihres Kindes.«

»Da gibt es aber doch auch Berichte, dass er selbst ein ziemlicher Macho gewesen sei.«

»In seiner Philosophie sind aber die Frauen den Quellen des ursprünglichen Lebens und Lernens näher. Sie haben das feinere Gespür für die inneren Kräfte, die in den kindlichen Lebensäußerungen wirken – und die, wie er glaubt, auch allgemein in allen Lebensäußerungen wirksam sind.
Aber das führt dann in seine romantische Lebenseinungs-Philosophie, die wir uns in unserem Fragezusammenhang nicht vorzunehmen brauchen.«

»Danke. Ich denke diese Fröbelschen Anregungen können mir helfen, mich vielleicht etwas bewusster in das schwierige Welt-Erschließen meines Kindes einzufühlen und es dabei behutsam anregend zu unterstützen.«

»Du hast neulich gesagt, ich käme bei meiner Beschäftigung mit pädagogischern Fragen heute wohl nicht um eine Auseinandersetzung mit der neueren Hirnforschung herum.

Ich habe bei den Lehrangeboten unserer Universität aber dazu nichts gefunden.

Kann ich dazu nicht einmal wieder bei dir ein einschlägiges Privatissimum kriegen?

Was sind denn die für eine künftige Lehrerin wichtigen Erkenntnisse dieser Hirnforschung?«

»Deine Fragen zielen immer so unbekümmert-direkt auf den Kern, auf die Quintessenz komplexer geistiger Bewegungen.

Mir gefällt diese zupackende Konzentration. Aber sie verführt beim Antworten zum Vereinfachen und dazu, Autoren besser verstehen zu wollen als sie sich vielleicht selbst verstanden haben.«

»Vorbehalt akzeptiert. Mir kommt es aber auch auf deine Sicht und Einschätzung an.«

»Nun gut. Grob und vielleicht etwas laienhaft zugespitzt – ich bin ja selbst kein Hirnforscher – möchte ich sagen:

Lernen lässt sich als ein Vorgang im Gehirn fassen, bei dem Impulse, Eindrücke von außen über selegierende und gewichtende Überträger-Synapsen auf Netzwerke von Nervenzellen im Gehirn einwirken. Diese Einwirkungen können zu entsprechenden Repräsentationen in der Großhirnrinde führen.«

»Und was sind das für Repräsentationen?«

»Das können zum Beispiel Sichtweisen, Regeln, Zusammenhänge sein, die so etwas wie Landkarten bilden, in denen das lernend Verarbeitete nach Ähnlichkeiten geordnet und je nach Nutzungshäufigkeit verstärkt wird.

Das Lernen führt offenbar zum ständigen Verknüpfen von Nervenzellen, wobei vor allem Neues mit schon Bekanntem verknüpft wird.

An der Dicke der synaptischen Verbindungen zeigt sich sozusagen die Entwicklung unseres Könnens, d.h. unserer Reaktionskompetenz und unserer Verhaltens-Dispositionen gegenüber entsprechenden Anforderungen.«

»Und was hilft uns diese Erkenntnis für unsere pädagogische Praxis?«

»Es scheint mir z.B. wichtig, dass das, was da in den neuronalen Netzwerken repräsentiert und gespeichert wird, weniger in explizitem Wissen besteht als in Zusammenfassungen, Ordnungen, Auffassungskategorien, Sicht- und Reaktionsmustern und breiter nutzbaren Verhaltensdispositionen.«

»Heißt das dann auch, dass wir diese Kompetenzentwicklungs-Prozesse in unserem Gehirn weniger durch Vermittlung von Einzelwissen als durch die Erarbeitung von Bedeutungszusammenhängen fördern können?«

»Ja. Und eine zweite für unsere Bildungsarbeit wohl noch wichtigere Einsicht ist die, dass das Entstehen und das Wachsen unserer Kompetenzen vor allem von der Intensität unseres Lernens abhängt.

Das heißt: Nur was uns interessiert, was für uns wichtig ist, was uns auch gefühlsmäßig bewegt, führt zu entsprechenden Kompetenzentwicklungen.

Denn je stärker die innere Beteiligung und damit der Input für unser Gehirn ist, desto stärker werden offenbar die informations-verarbeitenden Neuronen aktiviert und desto stabiler werden dann auch die Verbindungen zwischen der Input-Schicht und der Output-Schicht der neuronalen Netzwerke.

Unser Können ist also sozusagen abhängig von der Stärke der synaptischen Verbindungen zwischen den in die Verarbeitungsprozesse einbezogenen Neuronen.«

»Und diese Stärke hängt jeweils von der Intensität und Häufigkeit des betreffenden Lern-Engagements ab?«

»Genau. Ohne eine gezielte Aufmerksamkeit, ohne ein aktives Lerninteresse passiert im Gehirn überhaupt nichts, d.h. es wird nichts gelernt im Sinne eines kompetenz-entwickelnden Lernens.«

»Das unterstreicht die Bedeutung der Lernmotivation.«

»Ja. Die Motivation erscheint hier als der entscheidende Schlüssel für die Kompetenzentwicklung. Wir müssen die Schüler interessieren, sie innerlich packen und bewegen, damit sie etwas so aktiv und engagiert verarbeiten, dass sie dadurch kompetenter werden.«

»Heißt das dann nicht auch, dass der Wissensballast, den wir auf Grund eines überfüllten Lehrplans ohne eigenes Interesse konsumieren sollen, unsinnig und bildungsunwirksam ist? Was wir wirklich lernen, hängt offenbar weniger vom Lehrplan ab als davon, was die Lernenden mit Interesse aufnehmen.
Bedeutet das nicht auch eine stärkere Individualisierung des Lernens?«

»Ja, sofern wir stärker auf individuelle Interessen und Erfahrungen bauen müssen.

Wir können aber auch das kompetenz-entwickelnde Lernen dadurch besonders fördern, dass wir das, was gelernt werden soll, möglichst plausibel mit bisherigen Erfahrungen und Einsichten des individuellen Lerners verknüpfen.«

»Das ist leicht gesagt und gefordert. Aber wie soll man das praktisch schaffen?«

»Der amerikanische Lernpsychologe David Ausubel hat dazu die sogenannten »advance organizer« eingeführt. Das heißt: Bevor die Schüler mit neuen Kenntnissen vertraut gemacht werden, wird der Erfahrungs- und Sinnzusammenhang klar zu machen versucht, in dem das neue Wissen wichtig ist und seinen Stellenwert hat und eine Bedeutung gewinnt.«

»Also kommt auch die Hirnforschung zu der Forderung, dass man nicht so sehr Einzelwissen vermitteln, sondern mehr die Erarbeitung von Zusammenhängen fördern soll.«

»Ja. Aber die wichtigste didaktische Konsequenz aus den Einsichten der Hirnforschung ist doch m.E. die Erkenntnis der grundlegenden Bedeutung des persönlichen Lern-Engagements für die Kompetenz-Entwicklung.

Wenn wir es nicht schaffen, bei den Lernern eine gezielte Aufmerksamkeit und eine interessierte Konzentration auf das zu Verarbeitende zu wecken, rauscht auch der massivste Informations-Strom wirkungslos an ihnen vorbei.«

»Damit wird aber der Blick auf die Schüler wichtiger als das Abarbeiten eines Lehrplan-Pensums.«

»Ja, denn Bildungsarbeit heißt primär Kompetenz-Entwicklung.

Und geistige Kompetenzen entwickeln sich offenbar vor
allem durch ein intensives eigenes Lernen von Zusammenhängen, die einem wichtig sind.«

»Dann bestätigt das doch nur, was die Bildungsreformer
ohnehin schon immer gefordert haben: Weniger Wissens-
Pauken und mehr aktives, interessante Zusammenhänge
selbst erkundendes Lernen!«

»Ja, insofern liefert diese Hirnforschung eine zusätzliche
wissenschaftliche Bekräftigung für klassische pädagogische
Grundeinsichten.«

Herder und Goethe als Pädagogen?

»Opa war das in deiner Studienzeit auch schon so, dass die Fachprofessoren – z.B. unsere Germanisten – die Pädagogik als etwas wissenschaftlich Zweitrangiges ansehen?
Sich mit germanistischen oder literaturgeschichtlichen Fragen zu befassen und dazu etwas zu veröffentlichen, das zählt irgendwie mehr als wenn man sich mit Fragen der Schule und der Erziehung beschäftigt.«

»Ich denke aber, je mehr sich die Literaturgeschichte mit der Spiegelung von Sinnfragen des Menschseins in verschiedenen literarischen Werken befasst, desto mehr wird sie sich auch mit Fragen der Bildung des Menschen konfrontiert sehen.
Gibt es denn jetzt wenigstens entsprechende Angebote zur Literaturgeschichte, die du doch früher vermisst hast?«

»Ich habe im neuen Semester ein Seminar über »Herder und Goethe« belegt, das ganz interessant zu werden verspricht.«

»Könntest du da nicht eventuell ein Referat anbieten über die Bedeutung pädagogischer Bildungsfragen für das Selbstverständnis Goethes und Herders?
Dann könnten wir vielleicht gemeinsam etwas zusammen bringen, was deinen Dozenten zu einer positiveren Einschätzung pädagogischer Forschungsfragen auch im Zusammenhang mit der Literaturgeschichte bewegt.«

»Eine gute Idee. Die Seminarteilnehmer können ja auch eigene Referatsthemen zur Seminarthematik vorschlagen. Das will ich gleich morgen machen.

Aber dazu müsstest du mich noch etwas munitionieren, damit ich meinen Referatsvorschlag überzeugend begründen kann. Was sind denn bei Herder und Goethe wichtige Bezüge zur Pädagogik?«

»Herder war zunächst Lehrer und Prediger, dann in Weimar verantwortlich für das Schulwesen, besonders für das Gymnasium. Er hat sich zeitlebens besonders mit Problemen der Erziehung der Menschen zu einem Leben aus eigenen Kräften, bezogen auf das Ideal der Humanität, auseinander gesetzt.«

»Aber Goethe war doch nie Lehrer oder Pädagoge.«

»Goethe hat sich 40 Jahre lang mit der Frage nach einer natur- und menschengemäßen Erziehung für die Hauptfigur seines Bildungsromans »Wilhelm Meister« befasst.
Für Herder wie für Goethe waren Erziehung und Bildung zentrale Felder ihres Nachdenkens.«

»Ich denke das genügt für meine Referats-Begründung. Halte mir die Daumen, dass ich Erfolg habe.«

»Hat es geklappt mit dem Referat zur Bedeutung der Pädagogik für Herder und Goethe?«

»Ja. Jetzt musst du mir aber sagen, mit welchen Texten und welchen Fragestellungen ich an die Ausarbeitung gehen soll. Ich habe meine Ideen-Kladde dabei.«

»Bei Herder würde ich an deiner Stelle das Journal seiner See-Reise von Riga, dann seine Weimarer Schulreden und als Drittes die Briefe zur Beförderung der Humanität ansehen.«

»Und warum sind gerade diese Texte so wichtig?«

»Ich denke sie verdeutlichen am besten die drei wichtigsten pädagogischen Stationen und Positionen Herders:

Im Reisejournal hat er als 25-Jähriger mit großem Schwung zum Ausdruck gebracht, wie er sich ein neues Zeitalter der Bildung vorstellt, das er mit herauf führen will.

Da geht es ganz im Geist des »Sturm und Drang« um die Aufweckung der Menschheit zu einer neuen Unmittelbarkeit des lebendigen Fühlens und Erlebens – gegen die Buchgelehrsamkeit und die schulische Gedächtnis-Paukerei:

-Die neue Erziehung soll den Menschen mit sich selbst, mit den eigenen Kräften und Fähigkeiten bekannt machen und ihn zum Selbst-Sein und Selbst-Denken ermutigen.

-Die Schüler sollen aus Neugierde und Lust am eigenen Erkennen lernen und nichts Unverstandenes annehmen, das die eigenen Gedanken erdrückt. Sie sollen durch starke Eindrücke zum starken Ausdruck ihrer eigenen Lebens- und Denkkraft kommen.

-Und der Lehrer soll nicht totes Wissen vermitteln, sondern bei den Schülern den Spielraum für eigene Kräfte und Ideen öffnen und erweitern. Er soll Anschluss an die Entwicklung der natürlichen Interessen der Schüler suchen und belebende Auseinandersetzungen mit großen Gedanken und Überlieferungen anregen.«

»Ist das nicht etwas, was wir auch heute fordern?«

»Für diese Ideen hat Herder in Straßburg auch den jungen Goethe begeistert.

Aber Goethe hat dann auch eigene pädagogische Vorstellungen entwickelt, die er erst als junger Mann in »Wilhelm Meisters theatralischer Sendung«, dann als fast 50-Jähriger in »Wilhelm Meisters Lehrjahre« und als 72 Jähriger in »Wilhelm Meisters Wanderjahre« zum Ausdruck gebracht hat. Dieser »Wilhelm Meister« – Zyklus ist also ein großer Bildungsroman, der Goethe sein Leben lang beschäftigt hat, und auf den du dich am besten auch in deinem Referat konzentrieren solltest.«

»Was ist denn sozusagen die pädagogische Botschaft Goethes in diesem Bildungsroman?«

»Die Hauptperson Wilhelm Meister bildet sich in einem intensiven Kontakt mit verschiedenen Lebens- und Berufswelten und mit interessanten Menschen, die auch in einem wechselseitigen Beziehungsgeflecht den Gang ihres bisherigen Tuns und Lernens zu erkennen geben.«

»Und was will Goethe damit pädagogisch sagen?«

»Er exemplifiziert einige pädagogische Regeln:

-Bei der Erziehung muss man darauf achten, wohin die Wünsche und Neigungen des Zöglings gehen. Dazu braucht der Zögling Gelegenheiten, sich auch vergleichend mit dem Selbstverständnis anderer Menschen auseinander zu setzen.

-Dann sollte man ihn möglichst in die Lage versetzen, dass er diese Neigungen und Interessen befriedigen kann, auch damit er rechtzeitig erfahren kann, wenn er sich über sich selbst und seine Fähigkeiten geirrt hat.

-Wenn er aber das Leben gefunden hat, das zu ihm passt, dann soll er entschieden diesen Weg gehen und sich auch dafür weiter fortbilden können.

Die pädagogische Botschaft, nach der du fragst, ist in diesem Zusammenhang vor allem, dass der Mensch nicht durch theoretische Belehrung und pädagogische Gängelung gebildet wird, sondern durch vielfältige ganzheitliche Lebenserfahrungen.«

»Und Erzieher braucht man dazu gar nicht?«

»In Goethes Pädagogischer Provinz gibt es eine Gruppe weiser Pädagogen, die den Lebensweg Wilhelm Meisters beobachtend und nur gelegentlich einmal behutsam steuernd begleiten, bis er durch eigene Erfahrungen sich selbst und was ihm gemäß ist, gefunden hat.«

»Dann heißt also die Botschaft: Das Leben bildet, nicht die Pädagogen!«

»Nein, die Pädagogen wirken nur indirekter, zum Beispiel durch ein aus der Ferne pädagogisch gesteuertes Leben in einer besonderen »Pädagogischen Provinz«. In Goethes Utopia einer idealen pädagogischen Umwelt lernen die jungen Menschen vor allem praktisch-anschaulich mitmachend dort, wo die Sachen zu Hause sind, die sie lernen sollen. Sie lernen also eine Fremdsprache in einer Umwelt, in der nur diese Fremdsprache gesprochen wird. Und sie kommen zu einer Kenntnis des Gebirgslebens durch das zeitweise Leben im Gebirge.

Sie lernen verschiedene Tätigkeiten praktisch-anschaulich in den entsprechenden Werkstätten, Bauernhöfen, Ateliers usw.

Durch diese Erprobungen sollen sie sich über ihre Interessen- und Fähigkeits-Schwerpunkte klar werden und sich dann selbst entsprechend konzentrieren und weiter bilden.«

»Die Pädagogen haben also nur die entsprechenden praktischen Erfahrungs- und Erprobungsmöglichkeiten bereit zu stellen?«

»Ja. Sie ermöglichen die verschiedenen Wege und Irrwege und sie greifen auch einmal behutsam ein, um offensichtliche Irrweg etwas abzukürzen.«

»Ist das nicht eine sehr individuelle Selbstfindungs-Bildung ohne soziale und ethische Bildungsziele?«

»Nein. Wenn der einzelne Zögling seinen Berufsweg gefunden hat, lernt er die Zusammenarbeit mit anderen und das solidarische Mitwirken an einem gemeinsamen Werk.«

»Aber bleibt es nicht doch beruflich eine enge Einbahnstraße?«

»Nein. Die Einseitigkeit einer beruflichen Ausbildung und Tätigkeit wird durch die Einbeziehung musisch-ästhetischer und allgemeinbildender Tätigkeiten und Erfahrungen ausgeglichen, auch z.B. durch die Pflege von Hobbys, kultivierte Geselligkeit und gemeinsame Feste und Feiern.«

»Das scheint aber doch alles darauf hinaus zu laufen, dass Goethe wenig von theoretischem Schulunterricht gehalten hat?«

»Goethe hat in seinen »Maximen und Reflexionen« auf die Frage, was er für die beste Erziehung halte, geantwortet: »Die der Hydrioten. Als Insulaner und Seefahrer nehmen sie die Knaben gleichsam mit zu Schiffe und lassen sie im Dienst heran krabbeln. Wie sie etwas leisten, haben sie Teil am Gewinn, und so kümmern sie sich schon um Handel, Tausch und Beute und es bilden sich die tüchtigsten Handelsleute und die verwegensten Piraten.«««

»Gibt es in dieser Bildung durch praktische Erfahrung und Erfahrungsverarbeitung keine Leitbilder und Werte, auf die sich diese Bildung ausrichtet?«

»Es gibt in Goethes Pädagogischer Provinz vor allem den leitenden Grundwert der Ehrfurcht vor dem, was über, unter, in und neben uns ist und besonders die Ehrfurcht vor jedem Lebewesen, das sich strebend bemüht.

Modern kann man vielleicht sagen, wichtig ist vor allem die Ehrfurcht vor der Würde des Menschen. Dies zeigt sich im rücksichtsvollen Umgang miteinander, in der Art des Sich-Grüßens und eben in dem Respekt vor dem eigenen Suchen und Sich Erproben der Zöglinge.

Modern erscheint auch die Ehrfurcht vor der zu bewahrenden Natur.

Aber auch diese umfassende Ehrfurcht wird nicht theoretisch gelehrt, sondern erfahren und gelebt auch im Umgang mit erlebbaren Ritualen und Symbolen.«

»Steht bei dieser eigenen »Pädagogischen Provinz« nicht die Idee Rousseaus von einer Trennung der natürlichen Bildung der Menschen von der realen Gesellschaft dahinter?«

»Goethe entwirft – ohne die gesellschaftskritischen Akzente Rousseaus - eine eigene nach pädagogischen Gesichtspunkten für die Selbsterfahrung und Selbstfindung des Menschen konstruierte Gesellschaft.«

»Und wie steht Herder zu diesen pädagogischen Vorstellungen Goethes?«

»In den Schulreden, die er als Ephorus des Weimarer Gymnasiums gehalten hat, ist neben der Sturm und Drang-Ablehnung von Buchschule und unterrichtlicher Wissenspaukerei etwas mehr von Zucht und Lehre die Rede.«

»Damit entsprach er wohl auch seiner Situation als Verantwortlicher für die Weimarer Schulen.«

»Es hängt auch mit seiner theologischen Funktion als Superintendent der evangelischen Kirche und nicht zuletzt auch mit der Entwicklung seiner Humanitätsphilosophie zusammen.«

»Den bremsenden Einfluss seiner Verantwortung für Schule und Kirche kann ich verstehen. Aber wie hängt das mit seiner Humanitätsphilosophie zusammen?«

»Herder hat in seinen Schriften zur Philosophie der Geschichte der Menschheit das Ideal der Humanität als Ziel der Bildungsarbeit nicht nur postuliert, sondern es auch anthropologisch begründet.
Danach entwickelt sich Humanität nicht von selbst, von innen heraus aus der Natur des Menschen, sondern es

braucht dazu die einwirkende Hilfe der Erziehung und der Schule.

Herder sieht - auch wohl im Zusammenhang mit menschlichen Enttäuschungen und seiner zunehmenden persönlichen Verbitterung in Weimar - in der Geschichte der Menschheit stärker auch das Böse und das Unglück. Die Schlechten, Skrupellosen, Listigen sind die Herren der Welt. Die Edlen wie Sokrates, Christus und Konfuzius werden verfolgt.

Der Mensch ist in Herders anthropologischer Sicht ein Wesen zwischen tierischer Sinnlichkeit und Humanität. Zur Humanität hat er nur die Fähigkeit, sie muss ihm erst durch Mühe und Fleiß angebildet werden. Und dabei kommt es ganz besonders auf die sittlich-religiöse Erziehung an.

In seinen Schulreden kritisiert Herder das zuchtlose Leben der Jugend und der Gesellschaft und den Mangel an Gemeinsinn. Er fordert die moralische Vorbildwirkung der Lehrer und der Eltern und verlangt auch Zucht und Respekt vor den Lehrern.«

»Und wie weit war er mit dieser Pädagogik erfolgreich?«

»Seine Möglichkeiten zu einer grundlegenden Reform des Weimarer Schulwesens waren dadurch begrenzt, dass sein Kampf um mehr finanzielle Mittel – auch auf Grund fehlender Unterstützung Goethes und des Herzogs - weitgehend erfolglos blieb.

Was er in dieser schwierigen Situation praktisch bewirkt hat, konzentrierte sich auf Anregungen zu

- mehr anregend-fesselndem Unterricht, der den Geist der Unterrichtsgegenstände in den Schülern lebendig werden lässt,

- einer realistischeren Ausrichtung auf Lebensnützlich-keit und Berufsvorbereitung,
- dem Vorrang von muttersprachlichem und Franzö-sisch-Unterricht gegenüber dem Lateinunterricht,
- Sprachenlernen durch praktisches Reden statt durch Grammatiklernen,
- mehr Lektüre zum Verstehen großer Autoren,
- einem stärker entwicklungspsychologischen Aufbau des Unterrichts,
- dem Vorrang einer überkonfessionellen sittlichen Er-ziehung und einer undogmatischen religiösen Bildung ohne pietistische Bekehrungstendenzen und Katechis-mus-Lernen und
- generell zu einer Gewichtsverlagerung von Wissens-vermittlung zu Kräftebildung.«

»Sind das nicht wichtige Verbesserungen in der Schulpra-xis?«

»Ja. Die Schule wird von Herder nicht wie von Goethe als Unterrichtsanstalt abgewertet, sondern verbessert. Herder hat sich auch in einem Aufsatz über »Notwendigkeit und Nutzen der Schulen« mit Spott gegen den Glauben gewandt, die Menschen seien Originalgenies, die keines Lehrers bedürfen, weil sie aus eigener Kraft zu Wunderge-schöpfen werden können.«

»Heißt das, dass sich Herder gegen das freiere Selbstbil-dungskonzept Goethes gewandt hat?«

»Er hat aber keine direkte Gegenposition bezogen. Herder vertritt auch keine dualistische Sicht, nach der die geistig-sittlichen Kräfte des Menschen zum Sieg über die tierisch-sinnlichen Anlagen geführt werden müssen. In jeder sinnlichen Regung sieht er auch einen Keim der Humanität.

So kann das sinnliche Bedürfnis nach Nahrung zugleich auch zur Arbeit, zur gesellschaftlichen Zusammenarbeit und zur gesetzlichen Ordnung führen.

Und der Geschlechtstrieb kann Gefühle der Liebe, des Mitgefühls und der Fürsorge wecken. Es kommt nur darauf an, in jeder sinnlich-triebhaften Lebenskraft den Keim der Humanität zum Blühen zu bringen.

Das heißt: die sinnlich-tierische Natur soll nicht unterdrückt, sondern über die tierische Stufe etwas erhoben werden in Richtung auf eine christlich-vernünftige Lebensweise.«

»Ist es das, was Herder als Humanität versteht: eine christlich-vernünftige Lebensweise?«

»Herder hat einmal gesagt, Humanität sei für ihn der Ertrag aller höheren geistigen und sittlichen Bemühungen der Menschheit. Sie ist die höchste Stufe des Menschseins, die er mit einem praktizierten Christentum zu verbinden sucht, die aber nie ganz rein und nicht ohne Erziehung, Übung und Anstrengung zu erreichen ist.«

»Ich verstehe noch nicht, wie der ältere Herder sein skeptisches Menschenbild mit dem Vertrauen auf die erzieherische Wirkung des Schulunterrichts zusammenbringt.

Da scheint mir doch Goethe mit seinen ganzheitlicheren Bildungsvorstellungen realistischer zu sein.«

»Herder sieht auch das Spannungsverhältnis zwischen dem begrenzten »Buch- und Wortunterricht« der Schule und einer wirksameren ganzheitlichen Lebenserfahrungs-Bildung. Aber da die Bildung zur Humanität für ihn eine Überlebensfrage der Menschheit ist, muss auch die Schule ihren bestmöglichen Beitrag dazu leisten.

Und er weist darauf hin, dass der Lehrer die Phantasie beeinflussen und Verständnis für die Humanität wecken kann – vor allem durch die Schaffung lebendiger Begegnungen mit geschichtlichen Verwirklichungen humanen Menschseins, besonders mit Jesus Christus.

Und der Lehrer kann auch in der Geschichte zeigen, wie der Mensch verführbar ist zu Feindschaft, skrupellosem Egoismus und zu den immer gleichen Leidenschaften und Torheiten - und wie das zu Kriegen, Unterdrückung, Not und Verderben und zur »Herrschaft der Furien« führt.

Und das kann und soll motivieren zur Entschlossenheit, die Humanität als Sinn und Rettung der Menschheit so weit wie möglich auch selbst zu verwirklichen und zu fördern - nicht zuletzt aus der Einsicht, dass man sonst die Folgen eines verfehlten Lebens selbst mit tragen muss.«

»Also eine Art Gesinnungsbildung mit der Perspektive zur Rettung der Menschheit. Das klingt fast modern, nur heute ist es mehr auf die ökologische Rettung der Menschheit bezogen.«

»Bei Goethe finde ich diese Betonung der erzieherischen Gegenwirkung gegen einen menschlichen Hang zum Bösen nicht. Das hängt wohl auch mit seinem positiveren Verhältnis zur Natur zusammen. Er war ja auch forschender Naturwissenschaftler.

Herder war Theologe. Das bedingt wohl auch die verschiedene pädagogische Sichtweise.

Goethe bezieht sich auch pädagogisch auf organische Naturgesetze.«

»Was sind das für Naturgesetze?«

»Diese Gesetze machen es, wie Goethe meint, erforderlich, dass der Mensch seinen individuellen Wesenskern stark und kräftig ausbildet, dass er aber auch für die Anforderungen der Umwelt bildsam bleibt, um durch Verarbeitung von Erfahrungen die eigenen Anlagen und Kräfte weiter auszubilden, zu steigern und zu vervollkommnen.«

»Ist das nicht im Grund eine Bildung zur individuellen Selbstbehauptung?«

»Ja, aber Goethe will auch zwischenmenschliche Verbundenheitsgefühle anregen mit Respekt vor den verschiedenen individuellen Eigenarten, die nicht einander angeglichen, sondern in ihrer Eigenständigkeit geachtet, bestärkt und unterstützt werden sollen.«

»Ist das wieder die Betonung der Ehrfurcht vor allem Lebendigen?«

»Ja. Diese Ehrfurcht ist aber auch Ausdruck eines pädagogischen Grenzbewusstseins, das weiß, dass auch unsere Schüler jeweils ihre naturgegebenen Eigenarten haben, deren Entwicklung zu respektieren und zu unterstützen ist.«

»Also soll jeder sich in seiner Eigenart entwickeln und behaupten und das gleiche Streben bei andern neben sich respektieren?«

»Aber es geht Goethe dabei nicht nur um die individuelle Selbstbehauptung, sondern auch um die allgemeine Selbstbehauptung des Menschen und seiner humanen Eigenart – z.B. auch bei der naturwissenschaftlichen Erkenntnisbildung.«

»Muss ich mich dann auch noch mit Goethes naturwissenschaftlichen Schriften befassen?«

»Das könntest du gar nicht schaffen. Goethes naturwissenschaftliche Schriften sind nämlich umfangreicher als seine dichterischen Werke. Nur ein Blick auf seine Forschungsmethode ist vielleicht wichtig:

Um der menschlichen Selbstbehauptung willen meint er nämlich, der Mensch solle sich als Naturforscher nicht auf die Zerstückelung der Natur mit künstlichen Instrumenten einlassen, sondern ein überschaubar-einfaches Bild von der Natur zu gewinnen suchen, das es ihm ermöglicht, das Ganze in der Anschauung zu beherrschen.

Dazu ist ein ganzheitliches Erkenntnisstreben, auch mit Phantasie und produktiver Einbildungskraft nötig.«

»Ist das nicht eine Absage an die moderne Naturwissenschaft?«

»Ja das ist auch so gemeint. Goethe ist sich bewusst, dass auf diese Weise ein anthropomorphes Bild von der Ordnung der Natur entsteht, das aber der menschlichen Fassungs- und Urteilskraft gemäß ist.

Die anthropomorphen Ordnungskategorien, auf die er die Naturerkenntnis bezieht, nennt er (von Schiller beeinflusst) »Ideen«, wobei er allerdings weniger rein geistige Prinzipien, sondern mehr anschaulich fassbare Grundvorstellungen meint.

Er sucht dem Geheimnis des Lebens dadurch auf die Spur zu kommen, dass er jeweils das Urbild, das Werdegesetz erfasst, nach dem sich die Gestalten entwickeln. Klassisches Beispiel dafür ist die Urpflanze, die sowohl die Urform ist, aus der sich die Vielfalt der Pflanzen entwickelt hat, wie das Modell, der Prototyp, das Urbild der verschiedenen Pflanzen.

Die Urpflanze spiegelt gleichsam das gemeinsame Wesen aller Pflanzen.«

»Gibt es bei Goethe auch so etwas wie eine Idee des Urmenschen, in der sich das Wesen des Menschen spiegelt?«

»So weit geht er nicht. Aber er hat eine Grundvorstellung vom Menschen und von dem, was dem Menschen gemäß ist. Daraus ergibt sich dann auch seine Auffassung von einer menschengemäßen Bildung und Naturerkenntnis.

Das bedeutet z.B., dass der Mensch das, was er nicht mit seiner natürlichen Denk-, Anschauungs- und Vorstellungskraft erfassen kann, als unerforschlich ehren soll, weil es ihn sonst in seiner Entwicklung als Mensch verbiegen und erdrücken kann.«

»Also Erkenntnisverzicht um der humanen Selbstverwirklichung willen?«

»Das ist eine Prioritäten-Entscheidung: Es kommt für Goethe nicht darauf an, dass man alles weiß, erkennt und beherrscht, sondern dass man alle seine Anlagen und Möglichkeiten so weit und so harmonisch wie möglich entwickelt und ausbildet, damit man in einer nie ganz beherrschbaren Welt im Rahmen der eigenen Möglichkeiten und Grenzen ein gelingendes Leben führen kann.«

»Das heißt aber wieder: Primat der Kompetenzentwicklung gegenüber der Wissensvermittlung.«

»Deine Zusammenfassungen sind immer etwas zu zugespitzt.
Es gibt auch Kompetenzentwicklung durch Wissenserwerb. Das Durchschauen der Vielfalt der Naturerscheinungen und ihr Zurück-Denken zu Urphänomenen ist für Goethe eine menschengemäße Art nicht nur der Kompetenzentwicklung, sondern auch des Wissenserwerbs.«

»Aber wenn er sich so auf organische Entwicklung festlegt, wo bleibt dann noch Spielraum für verändernde Einwirkungen von außen?«

»Goethe verfolgt immer auch die Entwicklungsbeeinflussung von außen – besonders die Metamorphose – z.B. bei der Wachstumsbeeinflussung durch Licht als Reizmittel.«

»Das mag ja eine besonders menschengemäße Art der Naturbetrachtung sein, aber mit »objektiver« naturwissenschaftlicher Forschung und mit modernem naturwissenschaftlichem Unterricht hat es doch nichts zu tun.«

»Das Faszinierende ist es für mich, wie Goethe ein in sich stimmiges Welt- und Menschenbild entwickelt hat, das man vielleicht am angemessensten mit dem Schlüsselbegriff der »Bildung« bezeichnen kann.«

»Willst du damit den vielseitigen Goethe einseitig zum Pädagogen machen?«

»Bildung ist ja nicht nur ein pädagogischer Begriff. Goethe
leitet z.B. auch sein künstlerisches Schaffen aus einem »po-
etischen Bildungstrieb« ab und die Entwicklung des Lebens
folgt allgemein einem inneren Bildungsgesetz.
Der Begriff Bildung bezeichnet also allgemein, dass etwas
Inneres, Ideelles zu etwas Sichtbarem, zu einer bildhaften
Gestalt wird.
Der ursprüngliche etymologische Sinn des deutschen
Wortes »Bildung« ist »Bild-Werdung«.
Für Goethe ist alle Lebensentwicklung Bildwerdung aus
einem inneren Wesenskern, einer Idee. Deshalb ist auch
pädagogische Bildung für ihn nicht gestaltendes Eingreifen
und Modellieren von außen, sondern Entwicklungsförde-
rung. Der Versuch, etwas anderes von außen einzupflanzen,
bedeutet meist Überforderung und Entfremdung.«

»Herder scheint da nicht ganz so ablehnend.«

»Die pädagogische Grundfrage, bei deren Beantwortung
Herder und Goethe sich ähneln und unterscheiden, ist wohl
die Einschätzung des natürlichen Lebens- und Gestaltungs-
triebs und seiner Begrenzung.«

»Goethe ist aber, wie ich gelesen habe, die Problematik
des stürmischen Auslebens natürlicher Gefühle und Leidenschaften schon früh bewusst geworden.
Zeigt sich das nicht auch literarisch schon im Werther, im
Götz und bei der Gretchen-Tragödie im Faust?«

»Er ist sich auch gesellschaftlich angesichts des wilden Lebens, das er zeitweise mit dem jungen Herzog geführt hat, der Verantwortung für das Gemeinwesen bewusst geworden,

Und biografisch hat er durch die italienische Reise in der antiken Kunst das nötige klare Maß für natürlichen Gefühlsausdruck gefunden.

Danach waren ihm ungezähmte Leidenschaft, Gewaltsamkeit und Fanatismus –auch gewaltsame politische Revolutionen –zuwider.

Er hatte sein wie er meinte »natürliches« humanes Maß gefunden.«

»Und Herder hat mehr auf eine moralisch-religiöse erzieherische Gegenwirkung gegen menschliche Leidenschaften gesetzt?«

»Er hat sich zwar kritisch über das sittenlose Treiben am Weimarer Hof geäußert, aber die sittlich-religiöse Erziehung, die er dagegen vertrat, ging bei ihm doch zusammen mit einer offenen kulturellen Bildungsarbeit, die nicht auf Konfrontation, sondern auf ein vernünftiges humanes Gleichgewicht abzielte.«

»Mir fällt auf, dass bei beiden offenbar die Vernunft eine große Rolle spielt.«

»Herder hat die Vernunft einmal als das Organ bezeichnet, durch das wir die Sprache Gottes in der Schöpfung vernehmen, die uns mahnt, nicht zu rauben und morden, sondern einander mitfühlend zu helfen.

Für Goethe scheint die Vernunft mehr das Organ für das

notwendige natürliche Maß eines menschengemäßen Lebens und Forschens zu sein.

Ich denke aber, du solltest dir jetzt erst einmal die Schriften genauer ansehen, die ich dir hier nur kursorisch zu erläutern und erschließen versucht habe. Dann kannst du dir selbst ein fundiertes eigenes Urteil über das komplexe Verhältnis zwischen Goethes und Herders pädagogischen Ansichten bilden.«

»Aber so viel ist mir jetzt schon klar: Bei der vergleichenden Betrachtung der pädagogischen Gedanken Herders und Goethes geht es um ganz zentrale Fragen des Menschseins, um Grundfragen nach dem Sinn unseres Lebens, Strebens und Erziehens.«

»Vielleicht kannst du durch dein Referat bei den anderen Seminarteilnehmern und bei deinem Dozenten auch ein klareres Bewusstsein von der Bedeutung der Bildung und Erziehung nicht nur für Herder und Goethe, sondern auch allgemein für eine humane Zukunft der Menschen wecken.«

Unterrichtsgestaltung und ihre Wirkungsgrenzen

»Wir müssen jetzt im letzten Semester noch ein 5-wöchiges Schulpraktikum absolvieren.«

»Und was müsst ihr da machen?«

»Wir werden einem erfahrenen Lehrer zugeteilt und sollen uns vertraut machen mit der täglichen Arbeit eines Gymnasiallehrers in den Fächern, die wir studieren.
Man verspricht sich davon, dass wir testen, wie uns die Lehrertätigkeit liegt und ob das wirklich unser Zukunftsberuf werden soll.«

»Müsst ihr da auch selbst unterrichten?«

»Nur mit begrenzten Lehraufgaben und unter Aufsicht unseres Mentors.
Jeden Mittwochnachmittag treffen wir uns dann miteinander und mit Didaktikern, um unsere Fragen und Probleme zu besprechen.«

»Ich weiß nicht, wie ich dir da mit Ratschlägen helfen kann.«

»Du hast mich doch zu allgemeinen pädagogischen Themen immer mit grundlegenden pädagogischen Denkern bekannt gemacht, die mir jeweils einen interessanten Problemzugang eröffnet haben.
Gibt es da nicht auch zur Methodik des Unterrichts einen entsprechenden Klassiker, der da etwas Wichtiges gesagt

149

hat? Mir fehlen noch Auffassungs- und Beurteilungskategorien fürs Unterrichtsgeschäft, damit ich nicht hilflos den Praktikums-Mentoren ausgeliefert bin.«

»Vielleicht könnten dazu einige Überlegungen von Herbart hilfreich sein.«

»Und wer war dieser Herbart?«

»Johann Friedrich Herbart war der Nachfolger Kants auf dem Philosophie-Lehrstuhl in Königsberg. Er hat eine Allgemeine Pädagogik veröffentlicht und er hat auch praktisch, unterstützt von Wilhelm von Humboldt, in Königsberg ein pädagogisches Universitätsseminar mit einer Experimentierschule eingerichtet.
Herbart war vor seiner Berufung an die Universität Privatlehrer und Lehrer an der Bremer Domschule und er hat seine wissenschaftlichen Vorstellungen und Vorlesungen zur Pädagogik besonders aus der Verarbeitung praktischer Lehr-Erfahrungen entwickelt.«

»Gibt es bei ihm dann auch Erkenntnisse zum erfolgreichen Unterrichten?«

»Herbart geht von einer höheren Bildsamkeit des Menschen aus als die Pädagogen, die die Bildung mehr als einen organischen Entwicklungsprozess sehen. Das heißt: Der Mensch ist nicht durch natürliche Anlagen so festgelegt, dass die Bildungsarbeit nur noch Entwicklungs-Anregungen geben kann.
Den entscheidenden Ansatz für eine wirksame, das heißt den Menschen auch verändernde Bildungsarbeit sieht er ín der Vorstellungsbildung.

Vorstellungen entwickeln sich, wie er feststellt, nicht organisch aus dem Ich, sondern sie werden meist durch äußere Umstände ausgelöst – als eine Art Selbstbehauptungs-Reaktion der Seele bei Berührung mit anderen Seelen und Realien.

Die individuellen Anlagen sind oft vage und allgemein und sie können auch zum Teil böse sein. Deshalb ist eine Einflussnahme zur Entwicklung des sittlichen Charakters nötig.

Der Charakter kann aber nicht durch theoretische Belehrungen – etwa über Kants Kategorischen Imperativ – gebildet werden, sondern dazu ist eine kontinuierliche ästhetische Einwirkung auf die Vorstellungen und Gedankenkreise des Schülers nötig.«

»So ähnlich wie sich das Schiller in seinen Briefen über die ästhetische Erziehung der Menschheit gedacht hat?«

»Aber Herbart argumentiert mehr als Psychologe und meint wissenschaftlich nachweisen zu können, dass das Wollen der Menschen in ihren Vorstellungen und Gedankenzusammenhängen wurzelt. Die Vorstellungen beeinflussen das Wollen und Handeln der Menschen.

Deshalb ist für ihn die Vorstellungsbildung der Kern eines bildenden Unterrichts.

Der Lehrer kann die Lebenserfahrung und die Umwelteinwirkungen durch bewegende Vorstellungen ergänzen und ihnen eine Richtung geben.«

»Das leuchtet mir ein. Ich habe selbst das Skifahren durch eine gezielte Vorstellungsbildung gelernt. Ich habe mir nämlich einen Bewegungsablauf, z.B. den Stemmbogen, erst innerlich – mit geschlossenen Augen – vorgestellt und wenn ich diesen Bewegungsablauf dann in der Phantasie anschaulich vor mir sah, dann ist er in mein Bewegungsgefühl eingegangen und er hat dann auch mein praktisches Handeln gesteuert. Ist das nicht auch eine persönliche Erfahrung von der handlungssteuernden Wirkung der Vorstellungsbildung?«

»Herbart weist besonders darauf hin, dass dies nur funktioniert, wenn man auch persönlich interessiert dabei ist. Interesse ist für Herbart eine Voraussetzung für handlungswirksame Vorstellungsbildung.

Das Interesse lokalisiert Herbart zwischen Zuschauen und Zugreifen.

Aus Erfahrungen entwickeln sich Erkenntnis-Interessen und durch Umgang entstehen Teilnahme-Interessen. An diese Erkenntnis- und Teilnahme-Interessen knüpft die Vorstellungsbildung an.

Und durch motivierende Interessen-Weckung können Vorstellungen zu Wollen und Begehren werden.«

»Und wie stellt sich Herbart diese Interesseweckung und Vorstellungsbildung praktisch im Unterricht vor?«

»Da kommen dann die berühmten »Formalstufen« des Unterrichts ins Spiel.

Herbart unterscheidet für die Unterrichtspraxis die folgenden Entwicklungsschritte:

- Darbietung und Sicherung des Verstehens eines Gedankens,
- Assoziation d.h. Verbindung/Verknüpfung des neuen Gedankens mit bisherigen Vorstellungen und Gedankenkreisen – vor allem durch Gespräch und Diskussion,

- Zusammenfassung, d.h. Konzentration auf den Haupt-gedanken und seine Wiedergabe durch einen zusam-menfassenden Vortrag des Lerners,
- Transfer, d.h. Anwendung der neuen Vorstellungen auf die Lösung verschiedener praktischer Aufgaben.«

»Und das sind dann offenbar zugleich die methodischen Unterrichtsschritte?
Mir ist dabei aber das Verhältnis dieser Vorstellungsbildung zur klassischen Wissensvermittlung nicht klar.«

»Herbart neigt mehr zu einem ästhetischen als zu einem ra-tionalen Wissenserwerb. Das Wissen, das er vermitteln will, besteht weniger aus rationalen Gedanken als aus Vorstel-lungszusammenhängen, die auch anschaulich-gefühlsmäßig wahrgenommen werden und die Menschen ganzheitlich bewegen.«

»Aber wie kann man dieses ganzheitliche Verstehen und Engagement praktisch im Unterricht bewirken?«

»Herbart hat da nicht ein allgemein gültiges Rezept. Er ist offen für ganz verschiedene Unterrichtsstile. Der Gesamt-duktus eines Unterrichts kann z.B. mehr darstellend, mehr analytisch oder mehr synthetisch sein.

Beim mehr darstellenden Unterricht wird die Vorstellungs-bildung vor allem durch den Lehrervortrag und die Vermitt-lung anderer Medien erfolgen.

Beim analytischen Unterricht entdecken die Schüler selbst die Gedanken und Vorstellungen und sie integrieren sie in eigene Gedankenkreise.

Beim mehr synthetischen Unterricht geht es vor allem um

Zusammenfassung zu interessanten und bewegenden Vor-stellungskomplexen.«

»Und was ist dann sozusagen inhaltlich der Schwerpunkt dieser Vorstellungsbildung?«

»Es ist die Bildung eines sittlichen Charakters.«

»Und was ist für ihn ein Charakter?«

»Herbart unterscheidet einen objektiven und einen sub-jektiven Teil des Charakters. Der objektive Teil das sind die vorfindlichen Neigungen, Begierden, Leidenschaften. Der subjektive Teil sind die Vorsätze, Maximen, Grundsätze. Im Unterricht soll möglichst beides so zusammen gebracht werden, dass der Schüler auch das tut, was er als recht erkannt hat.«

»Aber da gibt es doch die berühmte Kluft zwischen Wissen und Tun. Wir wissen, dass wir unsere Nächsten lieben sollen – aber wir handeln lieber egoistisch.«

»Aber es gibt in der Philosophie und der Pädagogik auch eine alte Überzeugung, die z.B. Comenius mitten in den Gräueln des Dreißigjährigen Krieges so formuliert hat: Die Menschen tun oft etwas Böses, weil sie glauben, es sei et-was Gutes. Und Comenius hat daraus die Bedeutung einer aufklärenden Bildungsarbeit abgeleitet.
Wir haben doch auch in den Wirren unserer Kriege immer wieder erfahren, dass Menschen häufig etwas Böses tun, nicht weil sie böse sind, sondern weil sie glauben, es sei ihre Pflicht, etwas zu tun, was sie für richtig halten.

Das heißt: Es kommt bei der Charakterbildung wesentlich auch auf die Vermittlung von Vernunfteinsichten an.

Und deshalb versteht auch Herbart den erstrebten sittlichen Charakter so, dass er vernünftige Vorstellungen von dem hat, was ethisch richtig ist und dass er dann auch das tut, was er als richtig erkannt hat.

Um aber die Kluft zwischen Wissen und Tun zu überbrücken, ist eine bewegende Vorstellungsbildung notwendig, bei der ein starkes persönliches Interesse und Engagement den entsprechenden Vorstellungen Kraft, Wärme und den nötigen Drall geben.«

»Leicht gesagt – schwer getan.«

»Herbart setzt da auch auf einen Unterricht, der bewegende Beispiele aus Geschichte und Literatur vermittelt, die eine starke Motivationswirkung haben.«

»Haben wir nicht in der Nazi-Zeit erlebt, dass eine solche bewegende und fanatisierende Beeinflussung der Menschen auch verhängnisvoll werden kann – und wohin es führt, wenn diese Motivations-Mobilisierung nicht auf klarer Vernunfteinsicht basiert?«

»In der Pädagogik würde ich da lieber auf die Kulturpädagogik verweisen, wie sie z.B. Eduard Spranger, vertreten hat. Da geht es darum, humane Kulturgüter als Bildungsgüter zu vermitteln: Wenn Menschen in der Geschichte immer wieder bestrebt waren, die animalischen Triebe und selbstsüchtigen Gewaltneigungen zu kultivieren, um eine höhere Stufe der humanen Kultur zu erreichen, dann kann es für die Bildung zur Humanität wichtig werden, die entsprechenden

Verwirklichungen, Werke, Gedanken und Taten, die es in der Geschichte der Menschheit gegeben hat, sich lebendig zu vergegenwärtigen und die Kraft und den Geist, der sich hier jeweils manifestiert, in sich aufzunehmen und sich davon anregen, beseelen und begeistern zu lassen.

Das heißt dann z.B. für den Geschichtsunterricht, dass nicht Schlachten und Herrscherdaten wichtig sind, sondern der bewegende Geist, der die Menschen jeweils motiviert hat zur Kultivierung und Humanität.«

»Aber ist nicht dieses Begeistern und Mitreißen der Jugend in der NS-Zeit mehr durch Aufmärsche, Zeltlager usw. d.h. durch ganzheitlichere Umwelteinwirkungen als durch Schulunterricht zustande gekommen?«

»Da hat zum Teil auch die reformpädagogische Kritik an Herbart und später zum Teil auch an Spranger angesetzt. Sie kritisierte, dass Charakterbildung nicht durch unterrichtliche Präsentation von Beispielen möglich ist, sondern dass dazu ganzheitlichere Umwelteinflüsse z.B. durch gemeinsames Leben, Arbeiten und Feiern nötig sind.

Aber das ist ein anderes Thema. Hier geht es im Zusammenhang mit deinem Schulpraktikum um den Unterricht und grundlegende Gedanken für seine Gestaltung.«

»Aber hat denn Herbart die Grenzen des theoretischen Unterrichts nicht gesehen?«

»Doch. Aber er will durch Unterricht auch aufschließen und vorbereiten für außerschulische Lebenserfahrungen. Man hat ihn als realistischen Idealisten charakterisiert. Er glaubt an ein absolutes Sittengesetz, das aber in der Wirklichkeit von Gesellschaft, Kultur und Umgangserfahrungen nur sehr unvollkommen wirksam ist.

Die Vernunft ist für ihn das Organ für das Vernehmen dieses Sittengesetzes in der Welt. Und das Gewissen ist seine »innere Burg« des Sittengesetzes im Menschen.

Und dieses Gewissen kann durch Bildung eines auf das Sittengesetz konzentrierten Gedankenkreises gestärkt werden.

Der Mensch lebt dann in einem bewegenden Spannungsfeld zwischen sittlichen Vorstellungen und Wirklichkeit.«

»Steckt dahinter ein Dualismus zwischen Geist und Materie?«

»Nein. Herbart stellt sich da auch gegen den Kantschen Rigorismus: Er glaubt an die ästhetische Vermittlung zwischen Geist und Materie und zwischen Sittengesetz und realem Leben.

Erkenntniskritisch bedeutet das, dass der Mensch das Sittengesetz und die Realität immer nur in seinen Vorstellungen fassen kann. Die Annäherung kann sich zunächst in den Vorstellungszusammenhängen vollziehen und dadurch können dann die Vernunft als Organ für das Vernehmen des Sittengesetzes und das Gewissen als Hort des sittlichen Geschmacks gestärkt werden.«

»Also eine Art ästhetische Vernunft- und Gewissensbildung?«

»Herbart stellt sich ein ästhetisches Gefallen am Guten, ein Wohlwollen für das Gute als Ergebnis einer entsprechenden Vorstellungsbildung vor.

So wie die Schönheit gefällt, so kann dann auch das Gute gefallen.

Der Unterricht kann und soll also nicht nur die Vorstellungs- und Willensbildung, sondern auch die sittliche Geschmacks- bildung fördern.«

»Ich denke an den Fachunterricht in meinem Praktikum. Da geht es offensichtlich um etwas ganz anderes.«

»Aber die Schulfächer und Unterrichtsgegenstände sind für Herbart Felder, in denen sich wichtige Vorstellungen und Interessen entwickeln und klären.

Ihn beschäftigen vor allem die Entwicklung der Erkenntnis- Interessen in Bezug auf die Welt und der Teilnahme-Inte- ressen in Bezug auf die Menschen und ihre Kultur, Sprache, Kunst, Politik.

Da das Wecken von Interessen als Motive für eine bewe- gende Vorstellungsbildung besonders wichtig ist, hängt für Herbart die pädagogische Bedeutung eines Unterrichtsge- genstandes weitgehend davon ab, wie starke und vielseitige Interessen er auslösen kann.«

»Wieso vielseitige Interessen? Er hat doch bei den Stufen des Lernens und Unterrichtens großen Wert auf die jewei- lige Konzentration auf den Hauptgedanken gelegt.«

»Bei dieser Betonung einer vielseitigen Interesseweckung denkt Herbart wohl mehr an eine allgemeine Auflocke- rung, Erweiterung und Stärkung der geistigen Interessiert- heit.

Das hat dann aber auch dazu geführt, dass die Herbartianer zum Teil absurde Untersuchungen angestellt haben, welche Unterrichtsgegenstände jeweils welche verschiedenen empirischen, ästhetischen, sozialen, religiösen Interessen fördern können.

Herbart selbst geht es aber gar nicht so sehr um die Vermittlung vielseitigen Wissens, sondern um reiche ästhetisch bewegenden Erfahrungen mit wesentlichen Themen, die im Unterricht die Gedankenkreise bilden und das Wollen und Handeln ethisch beeinflussen können.«

»Kann das nicht zu einem ziemlich autoritären Ansatz des pädagogischen Einpflanzens moralischer Vorstellungen werden? Wo bleibt da die Freiheit, als Lernender selbst bei der Beschäftigung mit den Lehrstoffen eigene Vorstellungen zu bilden?«

»Herbart war politisch ein Konservativer. Er war davon überzeugt, dass für ein friedlich-vernünftiges Überleben der Menschheit die Stärkung der sittlich-moralischen Vorstellungen und ihrer Organe Vernunft und Gewissen notwendig ist. Aber er stellt klar, dass es dabei nicht um die Vermittlung fertiger Vorstellungen, sondern um die Anregung entsprechender vorstellungs-bildender Eigenaktivitäten der Menschen geht.«

»Für mich und mein Schulpraktikum ist bei dem, was ich von deiner Herbart-Zusammenfassung gelernt habe, besonders die Einsicht in die Bedeutung der interesse-weckenden Vorstellungsbildung wichtig.«

»Herbart hat für den Unterricht die Vorstellungen als analysierbare und beeinflussbare seelisch-geistige Kräfte entdeckt, deren Veränderungen Gefühle, Begehrungen, Wollen und Handeln auslösen können.«

»Wenn ein Unterricht zu sittlichem Wollen und Handeln führen soll, dann leuchtet mir ein, dass man dazu bewegende Vorstellungen entsprechend zu mobilisieren und zu Gedankenkreisen zu konzentrieren versucht.
Warum haben dann die Reformpädagogen diesen doch ganz plausiblen Ansatz kritisiert?«

»Die Kritik richtet sich vor allem gegen die Herbartianer, die aus Herbarts Strukturmodell des Lernens formale Methodenlehren für eine systematische Wissensvermittlung abgeleitet haben.
Hermann Nohl, einer der Väter der Reformpädagogik der zwanziger Jahre, hat Herbart gegen seine Schüler verteidigt, weil es Herbart nicht primär um Methoden der Wissensvermittlung ging, sondern um Belebung des Geistes, der Spontaneität und Aktivität der Schüler durch Vertiefung und Besinnung als konstruktive geistige Prozesse im Unterricht. Und Nohl hat auch die neue Perspektive vom Lernen als Vorstellungsbildung als besonderes Verdienst von Herbart gewürdigt.
Die Reformpädagogik hat dann ja auch profitiert von Herbarts Gründung einer relativ autonomen wissenschaftlichen Pädagogik als einer Universitätsdisziplin, die, wie Nohl anerkennt, das Ganze der Erziehung von einer zentralen Aufgabe her durchgreifend durchdacht hat.«

»Ich begreife aber nicht, warum man nicht den Ablauf des Lernprozesses - vom Aufnehmen der Informationen über das vergleichende Einordnen in Vorstellungszusammenhänge bis zur motivierenden Beeinflussung von Verhaltensdispositionen und zur Anwendung auf Aufgabenlösungen – zugrunde legen soll für den Aufbau des Unterrichts.«

»Der Streit ging, wenn ich recht sehe, einerseits um die pedantische Art dieser methodischen Umsetzung – man hat z.B. systematisch nach der Zahl verschiedenartiger Interessen, die jeweils durch verschiedene Unterrichtsgegenstände geweckt werden können, den Bildungswert der Unterrichtsthemen zu bewerten versucht.
Andererseits richtete sich die Kritik aber auch grundsätzlicher gegen eine Überbewertung der Bildungswirkung einer pädagogischen Vorstellungsbildung.
Wilhelm Flitner hat dagegen z.B. auf die stärkere Bildungswirkung der Lebensformen und des Lebens- und Umgangsstils in bestimmten Berufskulturen, Brauchtums-Traditionen usw. hingewiesen, in die man ohne pädagogische Gängelung mitlebend hineinwächst – etwa die Lebensformen des Gemeindepfarrers, des Gelehrten, des Handwerkers, des Offiziers, des Mönchs, des Sportlers, der Gemeindeschwester, des Abgeordneten, aber auch der Dame, des Kavaliers, der Mutter oder historisch des Ritters. Das sind alles Lebensformen, in denen ein Verhaltenskodex, ein Ethos, eine kulturelle Gesittung lebendig sind, in die die Nachwachsenden ganzheitlich und weitgehend unbewusst hineinwachsen.«

»Aber das entwickelt sich doch außerhalb jeder pädagogischen Planung und Verantwortung.«

»Ja. Aber es geht zunächst um eine Wirkungsbeurteilung. Wilhelm Flitner stellt im historischen Rückblick skeptisch fest, die Postulierung von Erziehungszielen sei in der Regel wirkungslos geblieben, wenn sie nicht zu gelebten gesellschaftlichen Verhaltensformen geführt hat.

Das heißt: Bildungswirksam sind weniger die Gedanken und Vorstellungen als die gemeinsamen Lebensweisen, Haltungen, Sitten, in denen sich ein Lebensverständnis und Lebensgefühl verdichtet hat.

Deshalb kommt es darauf an, dass sich ein neues Lebensgefühl auch anschaulich-gestalthaft verdichtet in konkreten Personen und Lebensformen, dass auch Schulen, Betriebe, Nachbarschaften, Krankenhäuser, Amtsstuben, Arztpraxen, Bibliotheken, Volkshochschulen, Parteien jeweils typische Präsentations- und Kommunikationsformen entwickeln, die den Menschen eine Art soziale Vertrautheit und Beheimatung bieten.«

»Das ist dann also so etwas wie der Lakmus-Test für die Echtheit und Kraft einer geistigen Bewegung, dass sie sich in solchen charakteristischen Lebensformen manifestiert?«

»Ja. Und das ist auch deshalb für diese Reformpädagogen so wichtig, weil es für eine breitere, nicht intellektuelle Bevölkerung eine direktere Bildungserfahrung durch unmittelbares Mitleben und Mitfühlen bietet.

Es ging um die Einbeziehung der sogenannten Nicht-Gebildeten in eine breitere Volksbildung, die dazu beitragen will, eine soziale Kluft zu überwinden.

Gegen eine Dominanz der Bildung durch Gedanken und Gedankenkreise wird die Bedeutung einer Bildung betont, die mehr übers Sehen, Fühlen und Handeln wirkt. Und dahinter steht auch die Erkenntnis, dass Formen oft stärker prägen als Inhalte.«

»Das würde bestätigen, was ich neulich im Beitrag eines Kinderspsychologen über die Wirkung von Ermahnungen bei Kindern gelesen habe, dass nämlich das, was wir dem Kind sagen, weniger wichtig ist als die Art, wie wir es sagen: ob z.B. mehr lehrhaft, zornig, unwillig-zerstreut oder besorgt und wohlwollend.«

»Ein klassisches Beispiel, das in der Literatur öfters genannt wird, ist Pestalozzi, dessen pädagogische Wirkung angeblich weniger auf seine Lehrinhalte und Unterrichtsmethoden zurückzuführen ist als auf die liebevolle Güte und Zuwendung, die er ausstrahlte und die die Kinder spürten.«

»Auch wenn ich das einsehe: Ich habe da doch die kritische Frage, ob bei dieser mehr unbewussten Bildung durch Mitleben in Lebensformen nicht der Bezug zu den jeweils verkörperten Werten bewusst geklärt werden muss. Auch der Nationalsozialismus hatte ja durch neue Formen des Gemeinschafts-Erlebens einen wesentlichen Teil seiner verhängnisvollen Wirkung erzielt.«

»Deshalb will z.B. Wilhelm Flitner die Lebensformen als untergründig formende Mächte erkennen, erforschen und bewusst machen, damit man verantwortlich damit umgehen und die für die Entwicklung humanen sittlichen Lebens günstigen Strukturen, sozialen Ordnungen, Verhaltens- und Lernformen auswählen, entwickeln und stärken kann.«

»Aber ich denke, diese kritische Klärung kann und sollte

auch in einem Unterricht erfolgen, der eine bewusste Vor-
stellungsklärung und Gedankenbildung anstrebt.«

Erweiterung von Lernverständnis und Lernförderung

»Wie gefällt es dir denn inzwischen im Referendariat?«

»Das praktische Einbezogensein in den Lehrer-Alltag ist eine heilsame Erfahrung.
Es ist aber auch die Erfahrung einer pädagogischen Überforderung der Lehrer.«

»Aber, was die äußeren Bedingungen angeht, da haben die Lehrer doch einen beneidenswerten Job: Meist nur einen halben Tag am Arbeitsplatz und viele Ferien.«

»Ich meine aber, dass vom Lehrer und der Schule zu viel pädagogische Wirkung erwartet wird. Wir können nicht all das ausgleichen, was im Elternhaus an Erziehung versäumt wird und was von der Gesellschaft und den Medien an Ablenkungs- und Lernhinderungs-Wirkungen ausgeht.
Man denkt in der öffentlichen Diskussion immer noch, die allseits geforderte Verbesserung der Bildung für eine schwierige Zukunft sei primär eine Sache von mehr Schulunterricht: Mehr frühkindlichen Unterricht und mehr Abiturienten, das scheint doch eine naive Forderung und illusionäre Heilserwartung vieler Bildungspolitiker zu sein.
Dabei ist die Schule doch schon lange nicht mehr die zentrale Instanz für die Förderung des Lernens und der Bildung der Menschen.
Die meisten meiner Schüler sitzen z.B. schon an den fünf Werktagen länger vor dem PC als im Klassenzimmer – von den langen Wochenenden ganz zu schweigen. Dazu kommt noch der wesentliche Unterschied, dass die außer-

schulischen Tätigkeiten sie meist mehr interessieren als der Unterricht.«

»Ja. Im viel zitierten Zeitalter des lebenslangen Lernens erweitert sich das Verständnis des Lernens im Blick auf das informelle Lernen, das lebenspraktische Lernen, die Weiterbildung, das Lernen mit Medien usw.«

»Ich überlege mir, ob ich eventuell die notwendige Erweiterung von Verständnis und Förderung des Lernens zum Thema meiner Abschlussarbeit für die zweite Dienstprüfung machen soll.«

»Das ist bestimmt ein wichtiges und spannendes Thema. Und wenn du dazu wieder einen begleitenden Gesprächspartner brauchst, kannst du jederzeit zu mir kommen.«

»Können wir das dann vielleicht so machen, dass immer, wenn ich ein Kapitel konzipiert habe, ich es vor dem endgültigen Formulieren noch einmal mit dir diskutieren kann?«

»Einverstanden. Das wäre eine andere Variante deines pädagogischen Begleitstudiums mit mir: Die Anregungen und Verständniskategorien für dein pädagogisches Studieren kommen jetzt von dir und ich nehme dazu Stellung.«

»Hast du schon angefangen mit deiner Arbeit über die Erweiterung des Lernverständnisses?«

»Ich habe mir den Gesamtansatz und die Auswahl und Glie-
derung der Einzelthemen noch einmal neu überlegt: Ich
würde am liebsten ausgehen von einer Untersuchung der
Bedeutung und des Umfangs des informellen Lernens als
dem lebenslangen Lernen im Lebensvollzug. Das soll doch
mehr als 70% des menschlichen Lernens ausmachen.

Das öffnet dann den Blick auf die faktische zeitliche, räumliche und mediale Erweiterung des Lernens.

Daraus ergibt sich dann zwingend die Notwendigkeit einer
entsprechenden Erweiterung unseres Lernhorizonts und
unserer Bildungsarbeit.«

Ja. Das sind aber alles mehr formale Aspekte dieser Erweiterung. Wie bringst du dann die Ziel- und Inhaltserweiterungen des Lernens unter?«

»Wie meinst du das?«

»Früher ging es beim Lernen vor allem um den mehr oder
weniger lehrplanbezogenen Wissenserwerb. Heute steht
beim lebenslangen Lernen aber eine vielfältige Kompetenzentwicklung im Vordergrund. Und da gibt es die verschiedensten aktuellen inhaltlichen Ausrichtungen: Qualifikation
für den technischen Fortschritt, die gesellschaftliche Erneuerung, den Umweltschutz, die kulturelle Integration, die Friedenssicherung, mehr Freiheit und Gerechtigkeit usw.

Ist es nicht gerade auch diese Erweiterung der gesellschafts-
politischen, ökonomischen, globalen Ziele des Lernens, die
zur Überforderung der Schule als der hauptverantwort-
lichen gesellschaftlichen Lerninstitution geführt hat?

Wenn man das alles dem Schulunterricht aufhalsen will, wird
klar, dass zur Abwehr dieser Überforderung die zeitliche,

räumliche und mediale Erweiterung des Lernverständnisses und der Lernförderung unausweichlich wird.«

»Du meinst also, ich sollte auch mehr von den erweiterten inhaltlichen Anforderungen ausgehen, um damit die Notwendigkeit einer formalen und institutionellen Erweiterung des Lernverständnisses zu begründen?«

»Du musst den für dich plausibelsten Ansatz finden. Ich wollte dich nur darauf aufmerksam machen, dass bei der Erweiterung unseres Lernhorizonts auch die Ziel- und Inhaltserweiterungen eine Rolle spielen.«

»Ich habe mich jetzt doch für einen anderen Ansatz meiner Arbeit über die Erweiterung unseres Lernverständnisses entschieden.
Ich möchte ausgehen von der existenziellen Bedeutung des Lernens für den Menschen und die Menschheit, besonders in einer Zeit des schnellen Wandels der Herausforderungen an unser Verstehen und verständiges Reagieren.
Von einem solchen existenziellen Verständnis des Lernens komme ich dann zu einem erweiterten Verständnis des Lernens im Blick auf Lernziele, Lerninhalte, Lernorte, Lernzeiten, Lernorganisationsformen.«

»Und wie charakterisierst du dieses existenzielle Lernverständnis?«

»Ausgangspunkt ist die Erkenntnis, dass Lernen die geistige Haupttätigkeit des Menschen ist. Ich stütze mich dabei auch auf das, was du mir aus der Geschichte der Pädagogik – zuletzt über Herbarts Lernpsychologie – nahe gebracht hast.

Danach ist menschliches Lernen der lebenslange Prozess

- des Aufnehmens von Eindrücken und Informationen aus der Umwelt,
- des vergleichend ordnenden Verarbeitens und Wertens dieser Inputs,
- ihrer Integration in eigene Vorstellungs- und Verstehenszusammenhänge
- und der Beeinflussung entsprechender Verhaltensdispositionen.

Nur durch dieses lernende Verarbeiten der Umwelteindrücke kann sich der Mensch als Person mit eigenem Bewusstsein und eigener Verantwortung in der Welt behaupten.«

»Die existenzielle Bedeutung des Lernens ergibt sich also daraus, dass der Mensch ohne Lernen nicht als eigene Person lebensfähig ist.

Und wie kommst du von dieser existenziellen Vertiefung des Lernverständnisses zur Notwendigkeit einer Erweiterung dieses Lernverständnisses?«

»Wenn dem Lernen diese existenzielle Bedeutung für das humane Überleben des Menschen zukommt, dann muss dieses Lernen auch jederzeit und überall fruchtbar möglich sein, wo der Mensch Eindrücke aufnimmt und Erfahrungen macht.

Und weil vom Erfolg dieses Lernens das Überleben der Menschheit abhängt, muss dieses Lernen auch überall und bei allen Menschen die nötige Unterstützung finden.«

»Dann bleibt aber noch die große Frage: Wie kann dieses erweiterte Lernen angemessen unterstützt werden?

Es ist doch das Charakteristikum des informellen Lernens, dass es gerade nicht pädagogisch angeleitet und unterstützt wird, sondern dass es ad hoc im Lebensvollzug durch praktische Erfahrungen herausgefordert wird.

Soll dieses faszinierende natürliche Lernen pädagogisiert oder gar verschult werden?«

»Das wäre für mich eine abschreckende Vorstellung. Und 70% der menschlichen Lernprozesse im Lebensalltag der Menschen pädagogisch organisieren zu wollen, das übersteigt zum Glück auch alle bildungspolitischen und finanziellen Möglichkeiten.

Wenn aber viele Lernanforderungen im Lebens- und Berufszusammenhang von den Menschen nicht durch ihre spontanen Lernversuche angemessen beantwortet werden können – weil z.B. dafür die Zeit, die Motivation oder wichtige Informationen fehlen – und wenn deshalb viele informelle Lernansätze ergebnislos abgebrochen werden, dann muss man doch auch überlegen, wie man dafür eventuell offenere Kommunikations-, Ermutigungs- und Beratungshilfen schaffen kann.

Weil ein erfolgreiches lebenslanges Lernen so existenziell wichtig ist für ein humanes, vernünftiges, friedliches Überleben der Menschen, müssen gerade auch die informellen Lernanlässe und Lernansätze aufgenommen und kreativ gefördert werden für die Entwicklung von Einsicht, Verstehen und Vernunft bei möglichst vielen Menschen.«

»Und wie ist das denkbar und machbar?«

»Gegenüber dem schulischen Zwangslernen brauchen wir eine offenere Förderung des freiwilligen Erfahrungslernens. Dieses situative selbstbestimmte ad hoc Problemlösungs-Lernen im Alltag darf aber nicht zu einem organisierten fremdgesteuerten Lernen werden. Es muss als solches mit seiner Spontaneität, Kreativität und der Freude über selbst erarbeitete Lernerfolge anerkannt, ermutigt und unbürokratisch gefördert werden.

Ich sehe darin eine große Zukunftsherausforderung und deshalb möchte ich das auch als Thema bearbeiten.«

»Wir haben bei unserer Diskussion über die Hochschulreform die Möglichkeiten der modernen Telekommunikation diskutiert. Bieten sich hier nicht auch erweiterte Chancen für eine offenere Förderung des lebenslangen Alltagslernens?«

»Das soll ein Schwerpunkt meiner Arbeit werden. Die Lernenden, die vor akuten Erfahrungs-, Verarbeitungs- und Lernherausforderungen stehen, sollen ihre Lernprobleme in entsprechenden Lernportalen artikulieren und viele andere zum Mitdenken, Mitdiskutieren und Mitlernen auffordern können.«

»Und was sind das dann für Lernportale?«

»Das müssen im einzelnen auch noch die Internet-Experten klären. Aber ich stelle mir vor, dass die verschiedenen Lernportale sich auf die verschiedenen Ziele und Lerninhalte beziehen sollten, über die wir schon gesprochen haben: Lernen für Förderung technologischer Innovationen, für ökologische Rettungswege, zur gesellschaftlichen Integration, zur Wirtschafts- und Finanzreform, aber auch zu Fragen der Alten- und Krankenversorgung, zur internationalen Verständigung und Friedenssicherung usw.«

»Das sollte dann aber auch ein neuer Weg zur Verwirklichung einer offenen Lerngesellschaft sein.
Ich fürchte nur, viele der Älteren werden sich nicht mehr auf die neuen Technologien einstellen und umstellen können. Und in einer Gesellschaft, in der die Alten zur Mehrheit werden, könnte das heißen, dass viele Mitbürger bei der erweiterten lebenslangen Lernförderung ausgeschlossen bleiben.«

»Ich denke da an eine neue Bewegung »Jung hilft Alt«, die die medienversierte Jugend anstiftet, ihren Eltern, Großeltern und älteren Verwandten und Bekannten die Scheu vor dem Internet zu nehmen und sie zum Einsteigen in die neue elektronische Lerngesellschaft zu motivieren und qualifizieren.«

»Da kehrt sich dann auch bei uns das Lehr-/Lernverhältnis um: Hier kann ich dich nicht mehr beraten, hier musst du mir helfen, mit den neuen elektronischen Möglichkeiten einer erweiterten Lerngesellschaft vertraut zu werden.«

»Da kann ich mich dann etwas revanchieren für die Ratschläge und Verstehenshilfen, die du mir im Hinblick auf die Ernte aus der Geschichte der Pädagogik gegeben hast.
Bist du denn auch überzeugt von den neuen Chancen, die sich jetzt durch die neuen Medien für die Verwirklichung einer offenen Lerngesellschaft bieten?«

»Im wesentlichen schon, aber da gibt es bei mir doch noch einige kritische Fragen – nicht zuletzt auch aus der historischen pädagogischen Erfahrung.«

»Zum Beispiel?«

»Braucht man nicht, um die Fülle der Informationen aus dem Internet verarbeiten zu können, Strukturierungsgesichtspunkte, Ordnungskategorien, Beurteilungskriterien?
Sinn des Lernens ist doch, wie du auch resümiert hast, das ordnende und gewichtende Verarbeiten der vielfältigen Eindrücke und Erfahrungen. Woher kommen aber diese Verständniszusammenhänge und Sinnkriterien?
Gerade in einem unzusammenhängenden Wirrwarr von kurzen Informationen und Informationsbruchstücken aus dem Internet – wie ist da die geistige Selbstbehauptung als Person noch möglich?
Können wir die Menschen vor der medialen Zerstreuung allein lassen – gerade wenn wir von der existenziellen Bedeutung eines erfolgreichen Lernens für die Zukunft des Menschen ausgehen?«

»Ich sehe die besonderen Vorzüge des Einsatzes moderner elektronischer Medien zur Förderung des Lernens in

- der jederzeitigen orts- und institutionsunabhängigen Vermittelbarkeit und Abrufbarkeit von lernfördernden Informationen und
- den schnellen und vielfältigen Kommunikationsmöglichkeiten mit den verschiedensten Menschen über fast jedes Lernthema.«

»Gerade diese jederzeitigen Kommunikations- und Rückfragemöglichkeiten haben uns bei den Fernstudienprojekten vor 40 Jahren noch gefehlt. Ich kann mir gut vorstellen, dass die elektronischen Medien da ganz neue Perspektiven für ein aus dem Internet gefüttertes Selbstlernen bringen. Und das hat auch den Vorteil, dass es nicht von staatlichen Genehmigungen und Förderungen abhängig ist. Kein Ministerium und keine Bürokratie kann über die Internets-Kommunikationsinhalte entscheiden.«

»Ja, das Internet ist ein offenes demokratisches unter Umständen auch revolutionäres Kommunikationsforum.«

»Wenn ich da an unsere Schwierigkeiten mit dem Bildungsföderalismus und an die ideologischen Scheuklappen denke, mit denen wir uns schon herumgeschlagen haben, dann öffnen sich doch durch das Internet neue Freiheitsperspektiven. Jetzt können Reformen des Lernens auch von unten, von interessierten Bürgern auf den Weg gebracht werden. Und man kann sich unabhängig von parteipolitischen Machtkonstellationen auf die pädagogischen Fragen und Herausforderungen konzentrieren.«

»Ich sehe eine besonders spannende pädagogische Herausforderung darin, wie wir durch eine gezielte Nutzung moderner Informations- und Kommunikationsmöglichkeiten jedermann bei seinem existenziell notwendigen lebenslangen Lernen wirksam helfen können. Und da stellt sich dann auch deine Frage: Wie kann man vor der verwirrenden Vielfalt oft irrelevanter Informationen aus dem Internet zu einem konzentrierten Lernen kommen, und welche anderen ergänzenden und vertiefenden Lernhilfen brauchen wir dazu jeweils noch?

Sich darüber gründlich Gedanken zu machen, ist das nicht ein sinnvolles Thema für eine Examensarbeit?«

Neuer dritter Bildungsweg?

»Ich habe jetzt die Überlegungen zur Erweiterung des Lernens mit Hilfe der neuen elektronischen Medien so weit konzipiert, dass ich sie gerne mit dir diskutieren würde.
Um abzuchecken, wie weit ich für die wichtigsten Anforderungen eine angemessene Antwort gefunden habe, schlage ich vor: Du formulierst jeweils die pädagogischen Anforderungen, die du für wesentlich hältst, und ich versuche zu erklären, wieweit diese Anliegen jeweils mit Hilfe der neuen elektronischen Medien befriedigt werden können.«

»O.K. Beim erweiterten lebenslangen Lernen müssen jeweils akute Probleme im Lebens- und Berufsalltag durch gezieltes Lernen bewältigt werden. Dazu braucht dieses ad-hoc-Lernen unmittelbar spezifische Informationen, weiterführende Hinweise und klärende Kommunikations- und Beratungsmöglichkeiten.
Ideal wäre es, wenn jeder Lerner jederzeit einen einschlägig erfahrenen Experten kontaktieren könnte.«

»-so wie ich bei meinen pädagogischen Studien und Arbeiten jeweils zu dir kommen konnte.«

»Ich stelle die Frage, wieweit solche unmittelbaren Informations- und Kommunikationsmöglichkeiten durch die neuen Medien ermöglicht werden können?«

»Diese Medien machen sowohl die Speicherung einer fast unbegrenzten Fülle von Informationen in vernetzten Datenbanken wie den schnellen Abruf der jeweils benötigten

Daten, Informationen, Erfahrungen für die Lösung der verschiedensten konkreten Lernaufgaben möglich.

Die Daten müssen dazu in Netzwerken und hinter Portalen gespeichert werden, die das recherchierende Auffinden der akut benötigten Informationen über plausible Einstiegs- und Verzweigungsmöglichkeiten erleichtern.«

»Nächste Frage: Das erweiterte lebenslange Lernen ist vor allem ein Lernen in Lebenssituationen, die die Menschen vor bestimmte Aufgaben stellen und passende Problemlösungen verlangen.

Wie und wieweit können die neuen Technologien dieses situative Lernen fördern und unterstützen?«

»Die Herausforderungs-Situationen für das Problemlösungs-Lernen können über Medien gezielter präsentiert und es können in Computersimulation verschiedene Lösungsmöglichkeiten anschaulich durchgespielt und erprobt werden.

Der spielerische Umgang mit virtuellen Präsentationen und Konstruktionen erweitert die Lernumwelten um neue zum Teil auch selbstgestaltete Situations-Erfahrungen und entsprechende Handlungs-Übungen und er weckt dadurch auch die konstruktive Kreativität.

Das heißt: Das kreative Überschreiten der Realität und das Aufbrechen vertrauter Wirklichkeitsbezüge, Wahrnehmungsstrukturen, Denkweisen und Deutungsmuster eröffnet auch neue Lernperspektiven und neue experimentelle Lernansätze und Selbsterprobungen. Die Übung in virtuellen Situationen ist eine wesentliche Erweiterung der Lernmöglichkeiten.«

»Das führt zu der spannenden Frage, wie weit durch die spielerische Flexibilisierung der Kontextbezüge verschiedener Lern-Herausforderungen der Transfer des meist kontextgebunden erworbenen Wissens auf neue Situationen erleichtert werden kann.«

»Das nehme ich an, zumal ich mit dem Computer nicht nur Situationen simulieren, sondern auch Objekte manipulieren und Schauplätze, Museen, kulturelle Ereignisse etc. in aller Welt virtuell besuchen und erkunden kann.
Ich kann auch zu verschiedenen Ideen, Positionen, Problemlösungs-Vorschlägen kritisch Stellung nehmen und ihre Weiterentwicklung konstruktiv beeinflussen.«

»Nächste Frage: Das lebenslange Lernen ist ein weitgehend selbstgesteuertes Lernen. Sein Ablauf ist nicht – wie beim organisierten schulischen Lernen – durch eine systematische Ordnung von Fachwissen vorgegeben, sondern die Wissensordnung muss von den Lernenden selbst aus ihren Erfahrungs-, Problem- und Fragezusammenhängen entwickelt werden.
Wieweit können die neuen Medien dieses selbstgesteuerte Lernen so unterstützen, dass es zu hilfreichen Orientierungs-Zusammenhängen führt?«

»Zunächst einmal scheint mir wichtig, dass die verschiedenen elektronischen Zugangs-, Selektions-, Verzweigungs- und Verknüpfungsmöglichkeiten geradezu das aktive Suchen, Recherchieren, Auswählen, Fokussieren und Kombinieren der jeweils relevanten Daten und damit ein selbstgesteuertes Lernen herausfordern.

Das Lernen im Internet ist aber kein nur rezeptives Informationssammeln.

Alle an einen gemeinsamen Server angeschlossenen Teilnehmer können in einem virtuellen Kommunikationsprozess abwechselnd zu Gebenden und Nehmenden, zu Lernenden und Lehrenden werde. Denn jeder kann seine Gedanken, Meinungen, Fragen, Positionen elektronisch eingeben und öffentlich zur Diskussion stellen. Und jeder kann Stellungnahmen, Urteile, Korrekturen, Ergänzungen zu seinen Äußerungen erhalten und Vorlagen können gemeinsam kommunikativ weiter entwickelt werden. Durch diesen kreativen Wechselwirkungsprozess entwickeln sich auch problemlösungs-adäquate Ordnungen des Wissens und der Verhaltensreaktionen.«

»Ich habe neulich gelesen, jeder könne jetzt auch mit der Digitalkamera selbst Bilder, Texte, Töne aufnehmen und sie als Diskussions- und Lernanstöße ins Internet eingeben. Ist das tatsächlich ohne Schwierigkeiten möglich?«

»Ja. Und daraus ergibt sich generell eine neue Vielfalt der Lernmöglichkeiten, die dann auch so etwas wie individuelle Lernmenus ermöglicht.«

»Wie siehst du denn die besonderen Vorteile und Nachteile für die Lerner, wenn sie weniger mit längeren Texten und Büchern, sondern mehr mit kurzweiligen Informationen aus dem Internet lernen?«

»Ich sehe schon mal einen wesentlichen Vorteil darin, dass gegenüber dem eindimensionalen Textlesen im Internet ein bildhaftes und akustisches Aufnehmen von Informationen, das heißt ein ganzheitlicheres Lernen mit Text, Ton, Bild,

Grafik, Film, die auch unmittelbar individuell und kommunikativ verändert werden können, möglich wird.«

»Ich frage mich dabei aber doch, ob zu gründlichem Lernen eine konzentrierte, ungestörte Fokussierung auf einen
Problemzusammenhang nötig ist und ob das vor dem PC,
wenn ständig neue Botschaften und ablenkende Reaktionen
kommen, möglich ist.
Für das Sammeln und den Austausch von Meinungen und
Anregungen ist die online-Kommunikation sicher wichtig
und hilfreich. Aber vielleicht gehört zum kreativ forschenden
Lernen doch auch so etwas wie die »Einsamkeit und Freiheit« Wilhelm von Humboldts.
Wir haben doch besprochen, dass dieses erweiterte lebenslange Lernen in der Regel nicht mit systematischen, sondern
mit spezifischen fallbezogenen Informationen arbeitet. Deshalb die Frage: Setzt nicht ein Problemlösungslernen auch ein
kontinuierliches, konzentriertes ungestörtes persönliches Beschäftigen mit Wirkungs- und Sinn-Zusammenhängen voraus?
Und wie weit wird dies durch die kurzweiligen Informations-
und Kommunikations-Spiele im Internet verhindert?«

»Sicher fordert und fördert das Lernen im Internet reak-
tions-wendige Selektions-, Zuordnungs- und Kombinations-
kompetenzen. Aber das Suchen wird doch konzentriert
über eigene Portale und codierte Zugänge. Die Lernenden
können gezielt an den für sie interessanten Knotenpunkten
in ein Netzwerk einsteigen und dann die für sie wichtigen
Daten jeweils auch über verständliche Verzweigungen finden und sich auf sie konzentrieren.«

»Ich habe aber noch eine Frage zum kooperativen Lernen:

Für ein motiviertes erfolgreiches lebenslanges Lernen ist ja die Möglichkeit einer intensiven, persönlich engagierten Kooperation mit anderen Lernern wichtig.
Wieweit können die neuen Medien dies – und zwar über flüchtige virtuelle Kontakte hinaus -fördern?«

»Das Internet kann zum engagierten kooperativen Problemlösungslernen aufrufen, bei dem jeder seine Probleme und seine Lösungsideen in eine lebendige Diskussion eingibt. Und es macht nicht nur ein Miteinander-Lernen, sondern auch ein weltweites Voneinander-Lernen möglich. Jeder kann im Internet engagierte Partner suchen für das kooperative Lernen in gemeinsamen Lernprojekten.«

»Aber die Erweiterung des Lernens hat inzwischen auch zur Forderung nach dem Aufbau sogenannter »Lerngesellschaften« d.h. lernender Kommunen, lernender Regionen etc. geführt. Wirken die Tendenzen zur Isolation vor dem PC und die Flucht in virtuelle Kommunikationswelten nicht diesen notwendigen realen gesellschaftlichen Entwicklungen entgegen?«

»Das virtuelle Kommunizieren kann, wie wir jüngst gesehen haben, sogar in der Politik zu Demonstrationen und Protestbewegungen führen. Warum soll es nicht auch im pädagogischen Bereich zu realen Gemeinschaftsbildungen führen? Es gibt ja auch schon real-virtuell gemischte Lerngemeinschaften auf Zeit.
Und die sich in den »Lernenden Regionen« entwickelnden lernfördernden Lernumwelten können durch das Internet verdichtet, erweitert und auf eine wirksame und kostengünstige Weise unterstützt werden.«

»Du hast betont, dass die neuen Medien die lernfördernde Umwelt wesentlich erweitern können – aber eben nur in einer virtuellen Dimension. Ich weiß nicht, wie weit es möglich ist, durch fiktives Handeln in dieser virtuellen Scheinwelt Kompetenzen zu entwickeln, wie sie in der realen Welt herausgefordert werden.«

»Ich denke auch die virtuelle Erweiterung der Lernumwelt macht es möglich, Kompetenzen zu entwickeln, die in der zufälligen realen Welt später einmal herausgefordert werden. Und virtuelle Lern-Umwelten können auch leichter von den Lernenden selbst an akute Realsituationen angepasst werden.«

»Ist das Lernen am Bildschirm nicht doch ein ganz anderes Lernen?
Beim organisierten institutionalisierten Lernen kommen die Lernanregungen didaktisch geordnet und dosiert und sie zielen auf den Aufbau systematischer Wissens- und Vorstellungszusammenhänge.
Beim informellen ad hoc-Lernen am Arbeitsplatz, im sozialen Umfeld und im Internet kommen die Lern-Herausforderungen zufällig-anlassbedingt.
Das heißt: Wir haben es hier an Stelle des linearen Lernens mit einem flexibel navigierenden unsystematischen so genannten »Hyper-Learning« mit zufälligen disparaten Einstiegs- und Verzweigungsmöglichkeiten zu tun.
Die Zusammenhang stiftende Ordnungsfunktion verlagert sich von der entsprechenden Lehrgangs-Entwicklung durch Lehrkräfte auf die einzelnen Lerner.«

»Ist das nicht die heute so laut geforderte »Individualisierung des Lernens«?

Und braucht dieses individualisierte selbstgesteuerte Lernen dann nicht auch wieder genau die offenen Lernhilfen, die es jeweils im Internet abrufen kann?«

»Aber kann dann dadurch nicht im Kopf der Lernenden auch ein zufällig-chaotisches Durcheinander entstehen?«

»Es ist aber sehr die Frage, ob die bisherige fachsystematische Wissensordnung die allein seligmachende ist. Kann es nicht eine neue Ordnung des Wissens geben nach Problem-Konstellationen und Anwendungs-Feldern? Und diese Herausforderungs-Felder können dann auch durch entsprechende reale und virtuelle Anforderungen systematisch erweitert werden.«

» Ich sehe ein, dass wir eine wesentliche Erweiterung des menschlichen Lernens durch die neuen Möglichkeiten der elektronischen audio-visuellen Informationsvermittlung und Kommunikation ernst nehmen und dass wir diese Potenziale pädagogisch angemessen nutzen müssen.
Und ich finde es gut, dass du dich in deiner Examensarbeit mit diesen Zukunftsperspektiven offen und kritisch auseinander setzen willst.«

»Je mehr ich mich mit diesen neuen Chancen befasse, desto mehr sehe ich in den neuen elektronischen Möglichkeiten einer orts- und zeitunabhängigen Förderung des lebenslangen Lernens einen neuen dritten Bildungsweg, der ein freies offenes selbstgesteuertes Lernen aller jederzeit und überall möglich erscheinen lässt.
Damit könnte auch die Utopie deiner Studenten von einer »Universität ohne Mauern« Wirklichkeit werden.«

»Aber auch für diesen »dritten Bildungsweg« wird dem organisierten Lernen und seinen historischen Ergebnissen eine wichtige Grundlegungs-, Orientierungs-, Anregungs- und Unterstützungsfunktion zukommen.

Das institutionalisierte Lernen in Schulen und Hochschulen wird sich dazu allerdings in Zukunft stärker auf dieses neue erweiterte direktere lebenslange Lernen beziehen müssen.«

»Ich habe von dir gelernt, dass neue Vermittlungs-Technologien nicht die Konzentration auf wesentliche geschichtliche Einsichten und das Ringen um neue Inhalte ersetzen können.

Die neuen elektronischen Informations- und Kommunikationsmöglichkeiten erweitern aber das Lernen um neue Dimensionen, in denen reales und virtuelles, praktisches und abstraktes, individuelles und kommunikatives Lernen, Erfahrung und Phantasie, Physikalisches und Symbolisches, Technik und künstlerisches Design, Lernen und Unterhaltung in variabler Weise zusammen kommen können.

Sie erweitern damit auch die Zugangsmöglichkeiten zum Lernen für die verschiedensten Lerner – auch für bisher Benachteiligte.«

»Ich denke, sie fordern uns auch dazu heraus, den Sinn menschlichen Lernens und die Rollen der beim Lernen Beteiligten insgesamt neu zu reflektieren und die Wechselwirkungen zwischen den verschiedensten menschlichen Tätigkeiten und Bedürfnissen und den veränderten medialen Umwelten neu zu überdenken.«

Von Günther Dohmen sind im BoD-
Verlag bereits erschienen:

Dunkle Vergangenheit –
Helle Zukunft.
Dialogischer Bildungsroman (2007)

Wie sollen und können wir leben?
Gereimte Denkberichte I (2008)

Auf die Schippe genommen.
Gereimte Denkberichte II (2008)

Die Krise und die Wende
Gereimte Denkberichte III (2009)

Wir können unser Leben ändern
Gereimte Denkberichte IV (2009)

Und wir verbessern uns doch!
Spruchreime (2009)

KURZ UND FÜNDIG
Schlaglichter (2010)

Wozu? Wohin?
Spruchreime (2010)

Lebensweisheit im Quartett
Spruchreime (2010)

Wenn diese Welt ist schlecht, geschieht es uns ganz recht
Verse zum Nachdenken (2010)

Verse für den Hausgebrauch und für andre Zwecke auch (2010)

AUFGESPIESSTE TABUS
Fünf Tabubruch-Dialoge (2011)

GRENZGÄNGE

Nachdenken an Entwicklungsgrenzen (2011)